나는 당신도 재개발 투자로
돈을 벌면 좋겠습니다

나는 당신도 재개발 투자로 돈을 벌면 좋겠습니다

남무98 지음

일에일북/.

●

이 책은 여타 다른 재개발 투자서와 달리 투자자 관점에서 재개발을 다뤘습니다. 책 초반에 재개발을 두고 '안전마진이 가능한 투자다'라고 소개한 점이 인상 깊었습니다. 손익분석을 가장 먼저 공부하란 말인데, 이론서로 재개발 투자 공부를 시작하며 쩔쩔매는 이에게 좋은 안내서가 될 것입니다.

김종율(김종율부동산아카데미학원 원장)

●

돈을 버는 방식에는 크게 두 가지가 존재합니다. 노동소득과 자본소득입니다. 노동소득은 노동력과 시간을 투입해 얻는 소득입니다. 반면, 자본소득은 자본에 시간을 투입해 얻는 소득이죠. 자산을 증식시키기 위해서는 두 소득의 파이프라인을 제대로 구축해야 합니다.

그러나 우리 사회는 여전히 노동소득에만 의지하는 경향이 높습니다. 요즘에야 자본소득에 대한 관심이 어느 때보다 높아졌지만, 여전히 대다수는 자본소득을 제대로 만들어내지 못하고 있습니다.

그 배경에는 여러 이유가 있겠지만, 자본 금융 교육의 부재가 가장 큰 원인이라고 생각합니다. 때문에 자본소득을 얻기 위해 어디서부터 어떻게 무엇을 해야 할지 갈피를 잡지 못하는 경우가 많습니다.

특히 재개발 투자는 진입 장벽이 높다고 느끼며 시도조차 하지 않는 경우가 많습니다. 생소한 전문용어가 부담스럽고 수억 대의 큰 자본이 필요하다고 생각하기 때문입니다. 그러나 결코 그렇지만은 않습니다.

저는 이러한 분들께 '남무98'님의 책 『나는 당신도 재개발 투자로 돈을 벌면 좋겠습니다』를 추천하고 싶습니다. 필력이 좋아서 '경제 어린이'가 읽어도 될 만큼 술술 읽힙니다. 읽다 보면 '나도 할 수 있겠다'는 생각이 들 것입니다.

이 책은 어려울 수 있는 재개발 용어와 개념들을 누구나 이해하기 쉽게 풀어서 설명해줍니다. 또한 입문자가 적용해볼 수 있는 다양한 실전 사례와 방법론을 담고 있습니다. 그리고 돈 버는 방법뿐만 아니라 저자만의 투자 철학과 시장에 대한 깊은 통찰을 함께 배울 수 있습니다.

이 책으로 부동산 투자에 대한 이해도를 높이고, 이 책이 자본소득의 파이프라인을 구축하는 데 도움이 되길 바랍니다. 마지막으로, 주저하지 말고 지금 바로 실행하십시오. 두려움에 주저하던 첫발을 떼고 한 걸음 한 걸음 앞으로 나아갈 당신을 진심으로 응원합니다.

닥터마빈(『자본 체력』 저자)

●

이 책을 보면, 그의 재개발 투자에 대한 사랑과 철학이 활자마다 가득하여 그의 '성'이 궁전처럼 빛나고 있음을 느낄 수 있습니다. 책을 덮고 나면, 재개발 투자의 이론과 실전이 적절하게 균형을 이룬 문장들의 무게가 가볍지 않음을 느낄 수 있습니다. 다양한 투자 경험은 무엇보다 값지고, 누군가의 경험을 내 것으로 만드는 일은 실로 감사한 것입니다.

무진 정종은(〈플루시오스 광장〉 운영자)

●

부동산 시장은 하나의 원리로만 설명하기 어렵습니다. 시장은 늘 변하고, 복합적인 이유로 가격이 변동합니다. 부동산 서적을 보면 하나의 표현으로 단정 짓곤 하는데, "경매로 돈 얼마 벌었다", "얼마에 샀는데 이렇게 많이 올랐다" 등의 자극적인 말들로 내용을 채웠지만 사실 부동산 시장이 좋아서 오른 경우도 많습니다. '서과피지 (西瓜皮舐)'라는 말이 있는데, 수박 겉핥기 식으로 본질을 모르고 겉만 건드리는 일을 표현합니다.

'부동산 전문가'라고 하면 다각적인 생각과 연구, 실제 경험 사례 등의 검증 과정을 통해 이를 표현할 수 있어야 한다고 봅니다. 부동산에도 다양한 영역이 있는 만큼 좀 더 세분화된 전문가가 있기에 특화된 분야의 전문가를 더 신뢰하기 마련입니다.

이 책을 보면서 특화된 전문 분야에 많은 고민의 흔적을 보고 느낍니다. 단순히 책 한 권을 출간하기 위해서가 아닌, 본인만의 부동산 해석법으로 투자 경험을 살린 노하우가 느껴집니다. 출간을 시작으로, 좀 더 많은 경험 속에서 더 전문가다운 포스를 기대해봅니다. 늘 응원하겠습니다.

밴더빌트 표찬(『대한민국 역세권 투자지도』 저자)

안녕하세요. 반갑습니다. 붇옹산입니다.

제가 부린이였던 2000년대 중반은 지금처럼 부동산 시장이 무섭게 달아오르던 시기였습니다. 수많은 부동산 대책이 나왔고, 신문에 연일 집값 오르는 이야기들이 가득했었죠. 그 시절도 지금과 마찬가지로 청약으로 내 집 마련하기가 정말 힘들었습니다.

2000년대 초반부터 서울시에서 추진해 온 뉴타운 사업과 재개발 사업이 본궤도에 오르면서 '재개발 투자'가 부동산 투자자들의 관심을 받기 시작합니다. 뉴타운 사업으로 낙후된 도심의 기반시설들이 제고되고 도시정비사업으로 노후된 주택들이 번듯한 새 아파트들로 다시 태어나는 가운데, 재개발 투자는 재건축 투자에 비해 초기 투자금도 많이 들지 않았고 청약통장 없이도 도심 내 새 아파트를 얻을 수 있다는 점에서 매력적이었습니다.

2022년의 재개발 사업은 비단 서울에서만의 이야기가 아닙니다. 수도권의 낙후된 구도심들도 재개발 사업으로 다시 태어나고 있습니다. '그냥 낡은 집들 아니야?'라고 생각했던 지역들이 하나둘 재개발 사업을 통해 아파트 단지로 바뀌어가는 모습을 보고 계실 것입니다. 성공 사례들을 뒤쫓아 개발 사업 추진에 박차를 가하는 지역들이 속속 등장하고 있습니다. 부동산 상승장이 이어지는 한 이러한 기조는 당분간 계속되리라 생각합니다.

그러나 정작 재개발 투자에 관심을 가지려 하더라도 일반적인 부동산 투자와 성격이 조금 다른 탓에 '어떻게 시작해야 할까?' 하고 막막한 분들이 많이 계실 것입니다.

'남무98'님의 책『나는 당신도 재개발 투자로 돈을 벌면 좋겠습니다』는 저자 본인이 재개발 투자에 대해 고민하고 공부한 내용과 함께 실제 투자 과정에서 깨달은 솔루션들을 제공하고 있습니다. 누구나 따라 해봄직합니다.

재개발 투자를 진행하는 과정에서 생길 만한 여러 궁금증에 대해 선배 투자자로서 투자 경험으로 얻은 답들을 친절하게 알려줍니다. 재개발 투자가 낯설고 어려운 만큼 도전하는 자에게 그만큼의 기회가 더 있다는 의미일 것입니다.

모쪼록 이 책에 담긴 재개발 투자의 성공 흐름을 좇아 여러분 또한 '자신만의 재개발 투자 기준'을 만들어나가길 기원하고 또 응원합니다.

붇옹산(네이버 카페 '부동산 스터디' 운영자)

●

'백문불여일견', 이 책을 관통하는 고사성어가 아닌가 싶습니다. 재개발 사업은 용어도 어렵지만 실전 투자에 성공하기까지 수많은 시행착오가 필요합니다. 이론 위주의 설명보다 저자의 경험에서 우러나오는 투자 사례가 일반 대중의 눈높이에 더 적합하다는 의미입니다. 이 책을 통해 '남무98'님의 성공 투자 경험을 확인하고 재개발 투자의 돈맥을 찾아보시기 바랍니다.

윤지해('부동산R114' 수석 연구원)

●

멀게 느껴지고 막연하게만 느껴지는 부동산 투자 그리고 어렵게만 느껴지는 재개발 투자, '남무98'님은 이러한 어려움에 대해 해답을 줄 것입니다.

투자에 늦게 뛰어들면서 괴리감과 상실감을 느낀다는 분들이 많습니다. 이에 '남무98'의 개인사를 말하지 않을 수 없습니다. 그는 평범한 직장인으로 재개발 투자를 시작했습니다. 전문가도 힘든 시장 상황에서 묵묵히 자신만의 길을 개척해나가고 있죠. 그의 이야기는 곧 나의 이야기가 될 수 있습니다.

성공한 사람의 큰 이야기가 아닌 나와 비슷한 조건을 가진 주변 사람의 이야기로, 큰 자신감을 줄 것입니다. 탄탄한 조사와 분석을 기반으로, 비록 늦은 시기에 시작했어도 돈이 될 만한 것들을 찾아가는 '남무98'만의 방식은 소중한 솔루션이 될 것입니다.

시중에 많은 재개발 서적이 나와 있지만, 그중에서도 이 책을 추천하는 이유입니다.

이주현('월천재테크' 대표)

이 책 『나는 당신도 재개발 투자로 돈을 벌면 좋겠습니다』는 '남무98'님의 재개발 투자 정수를 집대성한 결과물입니다. 경험과 연구를 바탕으로 쓰였기에 누가 읽더라도 쉽게 이해할 수 있고 여타 다른 재개발 책에서 보기 힘든 투자 팁이 가득 들어 있습니다. 재개발 투자를 해보신 분들, 하고 싶은 분들 모두를 만족시키는 책이라고 생각합니다.

찰리파커(재개발 전문 블로거)

3040 세대 내 집 마련의 꿈이 어려워지는 현실 속에 '남무98' 작가의 책은 '시간에 투자해 자산을 증식하는 방법'과 '내 집 마련하는 방법'을 제시하고 있습니다. 재개발 투자는 '로우 리스크 하이 리턴'의 재테크 포트폴리오 구성에 필요한 영역입니다.

'남무98' 작가는 지지 않는 재개발 실전 투자자입니다. 이 책을 통해 이론과 실전, 그리고 '나만의 투자 기준'을 확립해보세요. 여러분의 100세 인생에 도움이 되길 바랍니다.

페리에(블로그 '페리에 실물경제 이야기')

재개발 이주 준비를 하며 '남무98'님의 글을 처음 접했습니다. 이후 블로그를 구독하면서 재개발 사업 진행 과정 중의 디테일과 투자자로서 도움이 될 지식을 많이 얻었습니다. 이후 직접 교류하면서 알게 된 '남무98'님은 진짜배기 투자자라고 말씀드릴 수 있을 것 같습니다. 뇌동매매가 가득한 시장에서 재개발 투자의 정수를 알고 소신대로 하는 투자를 알고 싶은 분들께 『나는 당신도 재개발 투자로 돈을 벌면 좋겠습니다』를 강력히 추천합니다.

프리덤(부동산 투자 블로거)

•

돈 걱정을
물려주고 싶지 않습니다

•

저는 운 좋게 때맞춰 취업할 수 있었습니다. 또, 적당한 시기에 결혼하면서 비록 수도권 외곽이지만 모은 종잣돈과 정부의 신혼부부 대출로 소형 아파트를 장만할 수 있었습니다. 아이들이 커가는 시기에 맞춰 집도 넓히고, 생애주기를 따라 딱 뒤처지지 않을 만큼의 수준을 유지하며, 평화롭게 살았습니다.

그러나 한창 사업이 커가는 시절 함께 고생했던 선배들이 자의 반 타의 반 하나둘 회사를 떠났고, 저 또한 미래를 걱정할 나이가 되었습니다.

"내가 일자리를 잃거나 더 이상 경제 활동을 하지 못하면 우리 가족은 어떻게 될까?"

가족은 모두 외벌이 가장만 바라보고 있었습니다. 저는 제가 회사에서 임원이 되지 못할 거라는 걸 잘 알고 있었습니다. 언젠가 회사가 더 이상 나를 필요로 하지 않아도, 스스로 살 수 있는 길을 찾아야 했습니다.

우리 집은 그리 넉넉하지 못했습니다. 항상 돈에 위축되고 불안했던 청소년기를 거쳐, 1998년에 대학 입학을 했습니다. 그 유명한 IMF 외환위기 때입니다.

제 유년 시절 기억은 돈에 대한 걱정이 대부분이었던 것 같습니다. 결혼하면서 결심한 것 중 하나는, 제 자식들에게 이런 경험을 물려주지 않아야겠다는 것이었습니다. 아이들한테 많은 유산을 물려줘서 나태하게 살게 할 마음은 없지만, 적어도 저처럼 돈 때문에 위축되고 꿈을 포기하면서 살게 할 수는 없다고 생각했습니다.

돈에서 자유로워지는 길을 찾아야 했습니다. 경제적 자유 같은 거창한 목적의 달성은 아닙니다. 경제적 이유로 부모님께 돈에 대한 걱정을 말하지 못하고 속으로 삼킬 때의 그 마음을 느끼게 하고 싶지 않았습니다. 그래서 부동산에 몰두했습니다.

저같이 평범한 직장인이 돈에서 자유로워지는 길은, 회사에서 크게 성공하거나 사업에 성공하거나 투자에 성공하거나 셋 중에 하나밖에 없다고 생각했습니다.

제 스스로를 객관적으로 봤을 때 회사에서 크게 성공하는 건 힘들 것 같았습니다. 그렇다고 처자식이 있는 상황에서 사업을 시작하는 것은 리스크가 너무 컸습니다. 남은 건 투자로 성공하는 길밖에 없었습니다.

직장인이 할 수 있는 투자는 주식과 부동산이 대표적입니다.

주식은 공부해도 잘 모르겠습니다. 제가 기관이나 전문가보다 조금이라도 앞서 나갈 방법이 보이지 않았습니다.

반면, 부동산은 제가 노력하고 한 발 더 뛰면서 좀 더 다른 방식을 연구하면 길이 있을 것 같았습니다. 하여, 부동산 투자에 집중하기로 했습니다.

얼마 없는 종잣돈, 이 돈으로 투자에 실패하면 회복하기 힘듭니다. 잃지 않기 위해서는 안정적인 투자 대상을 찾아야 합니다. 그러나 너무 안정만을 중시한 나머지 수익성을 무시할 수는 없습니다.

그러던 중 재개발 투자를 알게 되었습니다. 여타 보통의 투자 상품은 안정성이 높으면 수익성이 떨어지지만, 재개발은 비교적 안정적이거니와 시간에 투자함으로써 최고의 수익을 보장해주는 특이한 투자 대상입니다.

재개발 투자에 매력을 느껴 공부를 시작했습니다. 재개발을 포함한 부동산 공부는 보통 책, 블로그, 유튜브를 찾아보는 것으로 시작합니다. 수많은 영상과 글에서, 부동산 투자에 경험이 많은 분들이 '나만의 투자 기준'을 만들라고 합니다.

말은 쉬운데, 어디서부터 어떻게 시작해야 할지 막막합니다. 저도 똑같은 느낌이었지만 앞서 경험한 분들의 이론과 방법을 연습하고 실제 투자에 적용하려 하다 보니, 조금씩 나만의 기준이 생기고 방향이 명확해졌습니다.

지난 몇 년 동안 재개발 투자에 고민하고 실행했던 내용을 이 책에 담았습니다.

이 책은 크게 네 개의 부로 구성했습니다.

1부에서는 왜 자산에 투자해야 하는지, 그중에 비교적 안정적으로 최대의 자산 증식 효과를 볼 수 있는 재개발 투자가 왜 좋은지에 대해 설명하고자 했습니다.

2부에서는 일반적인 부동산 투자 이론을 기반으로 재개발 투자에 특화된 입지, 상품, 타이밍에 대해 설명했습니다. 아울러 나만의 기준을 어떤 근거로 만들어 나갔는지, 투자에 어떻게 활용했는지에 대해 설명했습니다.

3부에서는 투자를 결정하기 위해 재개발의 사업성과 수익성을 판단하는 방법 및 투자 결정 기준을 설명했습니다. 또한 수익의 크기를 늘리기 위한 차별화 전략으로 감정평가, 조합원분양가를 어떻게 예측했는지에 대해 설명했습니다.

4부에서는 앞서 말한 이론을 토대로 마무리하는 의미에서 구체적인 사례를 소개했습니다.

이 책에는 구체적인 용어 설명이나 재개발 진행 단계에 대한 설명이 없습니다. 다른 책에서 수없이 다뤘거니와 검색을 통해 얻을 수 있는 정보이기 때문입니다.

현재 진행되고 있는 서울 재개발의 프리미엄만 10억 원 이상 되는 상황에서, 재개발 투자가 더 이상 의미 없는 게 아니냐는 분도 있을 것입니다. 그러나 지난 장(場)에서도 그랬듯 현재 활발히 진행되고 있는 초기 재개발들이 다음 장을 위해 씨앗을 뿌려주고 있습니다.

반드시 다음에 또 기회가 올 거라고 생각합니다. 또한, 수도권뿐만 아니라 지방에서도 정비사업이 활발하게 진행되고 있는 만큼 해당 지역의 부동산 사이클에 맞춰 진입한다면 여전히 기회가 있다고 생각합니다.

재개발 투자를 하려는 분들께 부디 이 책이 '나만의 투자 기준'을 만드는 데 도움이 되길 바랍니다. 이번 장에서뿐만 아니라 다음 장에서도 투자를 이어가는 데 조금이라도 도움이 되길 바랍니다.

남무98

목차 ───

부동산은 직장인이 일과 병행하기에 최적의 투자 대상입니다.
하지만, 대부분의 사람이 부동산 투자를 하려면 투자금이 많아
야 한다는 고정관념에 직면해 시작하기도 전에 포기해버리곤
합니다. 어느 정도의 시드머니는 필요하겠지만, 부동산은 레버
리지를 활용할 수 있는 방법이 있습니다.

1부

안정적으로
자산을 증식시키는 법

주식보다 부동산 투자가
최적인 이유

소득 유형은 근로소득, 사업소득, 자본소득, 이전소득으로 분류할
수 있습니다. 대부분의 사람은 이 네 가지 소득 중 근로소득에 의
존해 살아가고 있습니다. 물론 개인사업을 하는 이들은 근로소득
이 포함된 사업소득이 주가 되겠지만 말이죠. 그러나 근로소득만
으로 부자가 되었다는 사람은 거의 없다고 할 수 있고 또 근로소득
이 노후를 보장해주지도 않습니다.

따라서 근로소득 외에 사업소득이나 자본소득을 꾸준히 늘리는
작업이 필요한데, 직장 생활을 하면서 사업을 병행하기란 현실적

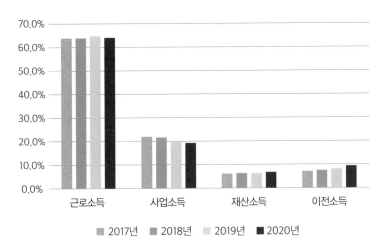

자료 : 국가통계포털

으로 어렵습니다. 아니, 불가능에 가깝죠. 결국, 자본소득 증가에 집중해야 합니다. 요즘은 이런 내용들이 많이 공유되어, 직장인이라면 투자를 해야 한다고 당연하게 인식하고 있습니다.

참고로 이전소득은 생산 활동에 공헌한 대가로 지불된 소득이 아니라 정부 또는 기업이 반대급여 없이 무상으로 지불하는 소득을 말하며, 대표적으로 사회보장급여가 있습니다.

직장인에게 있어서, 투자라고 하면 주식 투자를 우선적으로 생각하게 됩니다. 비교적 소액으로도 가능하며, 모바일 트레이딩 시스템의 발달로 접근성이 매우 좋기 때문입니다. 그러나, 주식 투자 시장은 시작부터 개인에게 불리하다고 생각합니다. 아무리 노력해도 일개 개인이 시장 참여자인 기관이나 전문가 집단보다 정보가 빠를 수 없고 또 앞서 나갈 방법이 별로 보이지 않습니다.

제가 아는 정보는 온 국민이 다 아는 정보일 가능성이 높습니다. 주식 투자로 돈을 벌더라도 실력이라기보다 우연일 가능성이 크다고 생각합니다. 물론 그 분야에서 연구를 거듭해 자기만의 투자 방식을 가진 사람들도 있겠지만, 순간순간 방향성이 변하는 이 심리 싸움에서 직장인이 매시간 집중하며 수익을 올리는 건 어렵다고 생각합니다.

직장인 최적의 투자 대상

반면, 부동산은 직장인이 일과 병행하기에 좋은 최적의 투자 대상입니다. 이미 고수 분들이 글과 책에서 이유를 충분히 밝혔지만, 간략하게 정리하면 다음과 같습니다.

첫째로, 앞서 말했듯 주식 시장에는 기관, 외국인, 개인 등 다양한 주체가 참여합니다. 그중 상대적으로 큰돈을 움직이는 기관 및 외국인에 의해 시장이 좌우됩니다. 자본력이 떨어지는 개인은 불리한 포지션일 수밖에 없습니다. 주식 시장에서 개인이 기관, 외국

구분	주식	부동산
목적	100% 투자 목적 (의사에 따라 시장 참여 여부 결정)	투자+실거주 목적 (어떤 방식으로든 시장 참여)
시장 참여자	기관, 외국인, 개인 (상대적으로 큰 돈을 움직이는 기관, 외국인에 의해 시장이 좌우됨)	개인(개인 간 경쟁)
리스크	원금 손실 가능성 있음	최소한 실물 자산이 남음 (완전한 0은 불가)
변동성	변동성, 등락폭 큼 (하루에도 몇 번씩 상승, 하락 반복)	변동성, 등락폭 작음 (관성이 있어 급격한 등락 불가능)
거래빈도	높음(증권거래세 정도만 부담하면 됨)	낮음(부동산 정책, 거래세 등)
환금성	높음	낮음
투자금	소액으로 투자 가능	상대적으로 고액 필요
레버리지 활용 여부	보통 자기자본	레버리지가 기본(전세금, 대출 등)

인을 상대로 자본력이나 정보력을 앞설 수 있는 방법은 거의 없다고 할 수 있습니다.

　반면 부동산 시장은 기관이나 외국인 들이 참여하기 어렵습니다. 최근 일부 법인 투자자들에 의한 세력화 경향도 있지만 전체 규모에서는 미미한 수준이며, 온전히 개인들만의 시장입니다. 이런 시장에서 자신만의 아이디어와 전략으로 투자를 한다면, 개인이 앞서 나갈 가능성이 높습니다.

둘째로, 주식 투자는 원금 손실 가능성이 있습니다. 투자를 잘못해 투자한 회사가 망하기라도 하면, 투자한 돈이 제로(0)가 될 가능성이 있습니다.

반면, 부동산은 실물 자산이 있기 때문에 아무리 시세가 떨어진다고 해도 실사용가치 이하로 떨어질 수가 없습니다. 특히 주거용 부동산은 실사용가치인 전세가가 지지해주고 있어 하방경직성이 있다고 말하기도 합니다.

셋째로, 주식 시장은 하루에도 몇 번씩 상승과 하락을 반복하며 상하한가 등락폭이 최대 30%로 매우 크다고 할 수 있습니다. 반면, 부동산 시장은 상승과 하락의 관성이 존재해 급격한 시세 변동이 상대적으로 거의 없는 편입니다.

또한 주식은 거래에 대해 증권거래세 정도만 부담하면 되기 때문에 거래빈도가 높은 데 반해, 부동산 시장은 정책과 거래세의 이유로 거래빈도가 상대적으로 낮다고 할 수 있습니다.

따라서 주식 시장은 실시간으로 변동되는 시장에서 눈을 떼기 어려운 반면, 부동산 시장은 투자 후 생업에 집중할 수 있는 여유가 많은 편입니다.

종잣돈,
어떻게 만들어야 하나요?

직장인에게 자본소득 관점에서 최적의 투자 대상은 부동산이지만, 부동산 투자를 하려면 투자금이 많아야 한다는 고정관념에 직면해 시작하기도 전에 포기해버리는 경우가 많습니다.

어느 정도의 시드머니는 필요하겠지만, 부동산에는 레버리지(수익 증대를 위해 부채를 끌어다가 자산 매입에 나서는 투자 전략)를 활용하는 방법이 있습니다.

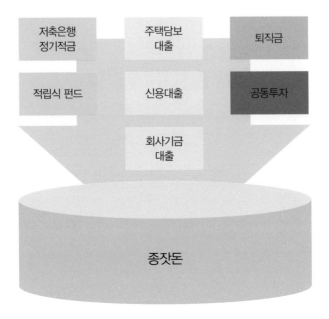

1 | 저축은행 정기적금

투자를 위해서는 종잣돈을 반드시 모아야 하는데, 왕도가 없으니 절약하며 꾸준히 모으는 수밖에 없습니다. 그나마 효율적인 저축을 위해 상대적으로 금리가 높은 저축은행 상품을 활용하는 게 좋습니다.

다만, 저축은행은 리스크가 있기 때문에 예금자 보호가 되는 5천만 원 미만으로 여러 곳에 분산해 적금에 가입하는 게 좋습니다.

| 최고 금리 |

금융기관명	상품명	세전 금리
우리종합금융	High&Easy, 최고 연 10%(개인, 세전) 하이 정기적금 −우대금리	10.00%
수원중앙신용 협동조합	플러스정기적금 1년 7.0% 특판이벤트−우대금리	7.00%
동암신용 협동조합	플러스정기적금(현대카드연계형) 최대 7.0%	7.00%
강서신협	강서신협 플러스정기적금 최대 7.0%−우대금리	7.00%
인천대건신용 협동조합	비과세 플러스정기적금(현대카드연계)−우대금리	7.00%
서울드림신용 협동조합	정기적금 특판 안내(최고 7.0%)−인터넷뱅킹	7.00%
공주신용 협동조합	5.5우리아이적금(정기적금 상품)−우대금리	5.50%
신목신용 협동조합	아이사랑적금	5.00%
논골신용 협동조합	아동수당 꿈어부바 적금(조합원 전용 상품/최대 5%) −우대금리	5.00%
우리은행	우리 Magic 적금 by 현대카드−우대금리	5.70%
수원중앙신용 협동조합	[수원중앙신협] 정기적금 1년 5.7% 특판	5.70%
서울)웰컴 저축은행	WELCOME 아이사랑 정기적금	4.00%
우리종합금융	The조은 정기적금 특별우대 받고 최고 연 4.0% −복리, 우대금리	4.00%
서울)웰컴저축 은행	WELCOME 체크플러스 2 정기적금−우대금리	4.00%
남서울신용 협동조합	유니온정기적금	3.80%

자료: 모네타, 2022년 1월 기준

돌이켜보면 저축은행을 잘 활용해 시드머니의 근간을 만들 수 있었습니다.

불과 얼마 전까지도 저축은행 정기적금을 활용해 시드머니를 만들었습니다. 최근 만료된 저축은행 금리는 3.4%였는데, 지금은 더 이상 저축을 하지 않고 있습니다. 대신 저축할 만큼의 돈이 이자 비용으로 용도가 바뀌었습니다.

적금 최고 금리는 '모네타(www.moneta.co.kr)'라는 재테크 포탈사이트에서 비교할 수 있습니다.

2 | 적립식 펀드

적금의 수익률 측면에서 약간의 아쉬움을 적립식 펀드로 해소했습니다. 앞서 말했듯 주식 투자는 기관이나 외국인보다 잘할 자신이 없었기에, 기관이 운용하는 펀드를 적극 활용한 것입니다.

에프앤가이드(www.fnguide.com)를 통해 안정성, 펀드 수익률, 운용수수료 등을 분석했습니다. 가입해야 할 적립식 펀드를 세 개 정해서 분할로 꾸준히 납입했습니다.

다시 한번 강조하지만, 종잣돈 모으는 방법에는 왕도가 없습니다. 조금이라도 수익률이 높은 상품을 찾는 게 최선입니다.

3 | 대출

어렸을 때부터 부모님께 교육받았던 것 중 하나가 빚지지 말라는
것이었습니다. 돈 빌리는 게 매우 부도덕한 행위로 인식되었고, 어
쩔 수 없이 대출을 하게 되면 마음이 몹시 불편했습니다. 이런 편견
을 깨는 데 꽤 오랜 시간이 걸렸고, 지금은 자산을 증대시키고자 감
당할 수 있는 범위 내에서 대출을 적극적으로 실행하고 있습니다.

주택담보대출

집을 살 때 자기자본이 100%인 사람은 거의 없을 것입니다. 지금
이야 각종 대출 관련 규제로 대출을 받을 수 있는 한도가 줄어들었
지만, 감당할 수 있는 범위 내에서 가능한 한 최대로 그리고 장기로
대출을 받아야 합니다.

또한 보유하고 있는 주택이 있다면, 추가로 대출을 받을 수 있는
방법이 있습니다. 신규 주택을 계약하고 계약서를 근거로 주택담
보대출을 받는 것입니다. 물론 현재는 비규제 주택을 대상으로 한
계약으로만 대출이 실행됩니다.

그래도 주택처분서약이나 신규주택매입을 하지 않겠다는 서약
없이 대출을 추가로 받을 수 있습니다. 이 방법을 활용하면, 지금
처럼 집값이 상승했을 때 시세 상승분에 대해 추가로 자금을 활용
할 수 있습니다.

신용대출

신용대출도 나쁜(?) 사람들만 받는 줄 알았던 적이 있습니다. 신용 대출도 최근의 DSR(총부채원리금상환비율) 제한으로 한도가 많이 줄 어들었지만, 적절히 활용하면 자금 운용에 굉장히 큰 도움이 될 것 입니다. 제1금융권 마이너스통장과 외국계 은행 추가 신용대출은 꽤 훌륭한 조합이었지만, 당분간 더 이상의 신규 대출은 어려울 것 같습니다. 그러나, 제도는 또 바뀌고 기회는 다시 오기 마련입니다.

회사기금대출

회사에 따라 대출 제도가 있을 수도 있고 없을 수도 있습니다. 직 원의 복지 차원에서 회사 기금 또는 회사 보증으로 대출을 해주는 제도가 있는데, 이런 제도가 있으면 활용하는 게 좋습니다.

　주변을 돌아보면, 의외로 아는 사람도 거의 없고 활용하는 사람 도 진짜 드물었습니다. 회사에 제도가 있는지 알아보고, 있다면 적 극 활용하시길 바랍니다.

　회사기금대출의 장점은 나의 대출로 잡히지 않는다는 점입니다. 내 DSR을 잡아먹을 걱정도 없고 회사에서 이자 지원이 나오는 경 우도 있기 때문에, 저리로 목돈을 사용할 수 있습니다. 또 다른 장 점은 월급에서 원리금을 제하고 주기 때문에 지내다 보면 월급이 원래 이 정도인가 하고 그냥 살아간다는 것입니다. 나도 모르게 강 제 저축을 하게 되는 셈입니다.

4 | 퇴직금

예전에는 퇴직금 중간정산이 쉬웠으나, 요즘은 특별한 사유가 아 닌 이상 중간정산이 어렵습니다. 저는 몇 년 전에 이직을 하면서 퇴직금을 중간정산 받아 투자에 잘 활용한 적이 있습니다. 법에서 인정한 사유(무주택자가 최초로 주택 구입, 전세자금 마련 등)에 해당한다 면 적극적으로 활용하시길 바랍니다.

5 | 공동투자

공동투자라고 하면 경기부터 일으키는 분들이 있습니다. "동업했 다가 파트너 때문에 망했다" 하는 류의 이야기를 반복적으로 들었 기 때문이죠. '공동투자=망하는 지름길'로 인식하는 경우가 많습니 다. 물론 타인과 마음을 맞춰 투자를 한다는 게 결코 쉬운 일은 아 닐 것입니다. 하지만, 눈앞에 돈이 되는 투자 대상이 있는데 자금 이 부족해 기회를 잃어버리면 얼마나 아까운가요?

공동투자는 홀로 가진 자금으로는 감히 꿈꾸지 못하는 투자 대 상에 진입할 수 있는 기회를 열어주는 장점이 있습니다. 익히 알고 있듯 단점도 크기 때문에 마음이 맞고 믿을 수 있는 경우에만 실행 하되, 가능성을 너무 차단하지는 말아야 하겠습니다.

투자금의 핵심은 소비를 줄여 모은 시드머니와 감당할 수 있는 범위 내에서의 최대한의 대출, 그리고 가능성을 확장하는 유연한 사고입니다.

　최근까지 지속되어 온 저금리로 자산 가치가 폭등하는 시대에 일단 절약해서 돈을 모으라니 무슨 말 같지도 않은 소리인가 할지도 모르겠지만, 시작은 저축입니다.

재개발에 투자해야 하는 이유
7가지

부동산 투자를 위해 공부를 하다 보면, 생각보다 다양한 투자 대상이 있다는 걸 알게 됩니다.

부동산 투자 대상은 크게 주거용 상품과 비주거용 상품으로 나눌 수 있는데, 주거용 상품은 대표적으로 아파트를 비롯해 빌라라고 불리는 다세대주택, 상가주택, 다가구/단독주택, 주거용 오피스텔 등 다양하게 있습니다. 또한 현재 상태에 따라 구축과 신축, 그리고 신축에 입주할 수 있는 권리인 입주권과 분양권으로 구분할 수 있습니다.

주거용 상품이라고 해도 상품별로 각각 다른 특성을 가지고 있으며, 투자 방법도 상당히 다를 수밖에 없습니다.

예를 들어 분양권과 입주권만 해도 겉으로 보기에는 신축 아파트에 입주할 수 있는 권리라는 점에서 동일한 상품으로 볼 수 있으나, 관련법 및 취득세와 양도세 규정이 다르고 투자 관점에서 매우 다른 특성을 가지고 있습니다.

그렇기에 궁극적으로 모든 상품을 경험하는 게 필요하겠으나, 부동산 투자를 처음 한다면 자신에게 맞는 주종목을 정할 필요가 있습니다. 한 가지 상품을 제대로 공부하는 것도 힘든데, 부동산의 전 상품을 모두 다 알고 투자하는 건 거의 불가능하다고 생각합니다. 각 상품마다 고유의 특성이 있고 장단점이 있지만, 저는 재개발을 선택했습니다.

제가 재개발을 선택한 이유를 정리해봤습니다. 왜 재개발 투자가 좋은지에 대한 답이기도 할 것입니다.

1 | 투자 결정 기준이 심플한 재개발

부동산 투자 대상으로 재개발을 선택한 가장 큰 이유는, 투자 결정 기준이 심플해서였습니다. 어떤 종류의 투자든 비슷하겠지만, 투

| 입주권과 분양권 비교 |

구분	입주권	분양권
정의	정비사업의 조합원으로서 공급되는 신축에 입주할 수 있는 권리	일반분양 청약 당첨 또는 전매를 통해 신축에 입주할 수 있는 권리
초기 투자금	종전자산금액+프리미엄	계약금(분양가 10%)+프리미엄
취득세	(종전자산금액+프리미엄)×4.6%+입주 시 원시취득세	명의 변경 시 취득세 없음 (입주 시 주택 취득세율)
추가분담금	사업성에 따라 발생 가능성 (물론 반대의 경우도 있음)	상관없음(상황에 대한 변동성 없음)
옵션 비용	무상인 경우 있음(조합원 혜택)	옵션 비용 부담

자 결정에 있어서 빠른 판단이 중요합니다. 그런 측면에서 재개발은 겉보기와 다르게 매우 심플한 투자 기준을 가지고 있습니다.

기준이 되는 랜드마크 아파트의 시세가 있고, 그 시세에 대비해 입주권을 매입하는 데 들어가는 비용, 즉 총매입가가 작거나 최소한 같으면 투자를 고려해볼 수 있습니다. 물론 총매입가를 판단하기 위한 기초 데이터(감정평가액, 조합원분양가)가 확정되기 전에는 숫자를 예측하는 작업을 해야겠지만, 일단 숫자만 있으면 빠르게 투자 판단이 가능합니다.

수익성 판단 기준과 기초 데이터 예측 방법에 대해서는 뒤에서 자세히 다룰 것입니다.

2 | 안전마진이 예측 가능한 재개발

앞서 말한 바와 유사한 내용입니다. 재개발은 안전마진이 어느 정도 예측 가능하다는 것입니다.

랜드마크 아파트 가격과 지금 입주권을 매입하기 위한 총매입가와의 차이를 안전마진으로 생각해볼 수 있습니다. 새 아파트가 기존의 랜드마크 아파트보다 비싸질 가능성이 큰데, 실수요자가 접근이 힘들어 수요가 제한적이기 때문에 그만큼 안전마진이 확보되는 원리입니다. 또한 현재 랜드마크 아파트를 기준으로 미래시세를 예측해볼 수 있고, 미래시세와 총매입가의 차이를 총수익으로 예측해볼 수 있습니다.

물론 현재시세가 고점인지 저점인지 알 수 없기 때문에, 세밀한 판단을 위해서는 과거시세를 기준으로 현재 시점을 진단하는 작업이 필요합니다. 이 내용은 3부의 '수익성 판단하는 법' 파트에서 자세히 다룰 것입니다.

3 | 특정 단계 이후 안정적인 재개발

재개발의 가장 큰 리스크는, 구역이 해제되거나 사업이 무산되는 경우입니다. 그러나 재개발 각 단계의 특징을 이해하고 특정 단계

| 안전마진 |

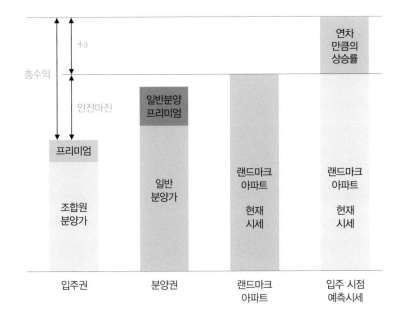

이후에 진입하면, 생각보다 안정적인 투자를 할 수 있습니다. 물론 사업에 대한 리스크가 거의 사라진 단계에서 진입하게 되면 수익의 크기는 줄어들 수밖에 없습니다.

따라서 타인에게는 리스크인 사항을 내게는 기회로 바꾸는 분석 작업을 통해 최적의 진입 타이밍을 확보하는 게 필요합니다. 이 내용은 2부의 '인생은 타이밍, 재개발 투자도 타이밍' 파트에서 자세히 다룰 것입니다.

4 | 높은 진입 장벽으로 경쟁자가 적은 재개발

재개발 투자라고 하면, 어렵다는 느낌이 강합니다. 아파트 갭투자의 경우 매우 대중화되어 있고 투자 기법도 다양하게 알려진 반면, 재개발의 경우 관련법도 복잡하고 용어도 어렵고 투자하기 힘들다는 느낌이 강하기 때문에 일반적으로 잘 접근하지 않습니다.

요즘에는 조금이나마 대중화된 느낌이지만, 여전히 일반 기축투자에 비해 경쟁자가 적습니다. 경쟁자가 많아지면 가격이 올라가고, 좋은 매물을 찾을 가능성이 낮아집니다. 그런 측면에서 높은 진입 장벽 때문에 경쟁자가 적은 게 장점이 될 수 있겠습니다.

5 | 레버리지를 극대화시켜 사용할 수 있는 재개발

100% 자기자본으로 투자를 한다면, 투자할 수 있는 대상이 제한될 수밖에 없습니다. 특히 목돈이 들어가는 부동산은 남의 돈을 어떻게 활용하는지가 투자의 성패를 가를 수 있습니다.

다양한 투자 상품 중 재개발은 상당히 고 레버리지 상품입니다. 재개발이 진행되어 이주를 하게 되면 이주비가 대부분 무이자로 지급되고 중도금도 후불제 또는 무이자로 진행되기 때문에, 레버리지를 최대한도로 사용할 수 있습니다.

물론 최근 대출 규제로 다주택자들은 이주비나 중도금에서 어려움을 겪고 있지만, 조합에 따라 대안을 제시하는 경우도 있습니다. 또한 완공될 때까지 갭투자처럼 레버리지 사용에 따른 역전세 리스크도 없습니다.

다주택자 이주비와 중도금

2022년 2월 기준으로, 조정 지역 내 다주택자에 대한 이주비와 중도금 대출은 원칙적으로 금지되어 있습니다. 그러나, 이주비의 경우 다주택자 이주비 미지급 시 이주가 지연될 우려가 있어 다양한 방법으로 대안을 마련하는 조합들도 있습니다.

도시및주거환경정비법 70조 2항이 대표적입니다. 재개발 지역의 임차인을 보호하고자 조합원을 대신해 조합이 보증금을 지급하고, 보증금에 대한 구상권을 조합원에게 청구하는 방식으로 처리됩니다.

그러나 이 방식은 임차인이 있는 경우에만 사용할 수 있으므로, 임차인이 없는 조합원에 대해서는 사업비로 직접 처리하는 조합도 종종 있습니다.

A구역 관리처분 책자에 '이주비 지원이 이뤄지지 않는 경우 사업비를 금융기관으로부터 직접 대여받아, 조합원 토지를 담보로 근저당 설정 계약을 체결한 후 조합이 조합원에게 직접 대여할 수 있다. 이 경우 조합원은 이주비 지원에 따른 이자를 무이자로 하고,

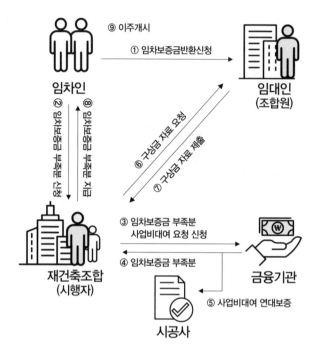

자료: <하우징해럴드>

조합에서 사업비로써 해당 이자를 지급한다'라고 명시되어 있는 것처럼, 조합에 따라 사업비로 이주비를 지급하는 경우도 있습니다.

　다주택자 중도금의 경우 조합원과 조합, 그리고 시공사의 관계이기 때문에, 각 주체의 합의하에 세 가지 방법이 주로 사용되고 있습니다. 다주택자의 경우 재개발의 장점인 레버리지를 사용하기 힘든 환경이지만, 다양한 대안이 제시되고 있습니다.

구분	내용
중도금 없음	· 사업성이 좋은 구역은 조합원 중도금을 없애는 추세 → 다주택자 투자에 유리하다 · 최근 시공자 입찰 트렌드 → 조합원분양 계약 시점에 말이 바뀌기도 한다
중도금 연체	· 조합원분양 시 보통 중도금 3회 이상 연체하면 계약해지 명기 · 일부 조합에서는 이 조항을 삭제하고 연체를 허용 → 이자가 조금 비싼 대출 개념
중도금 자납+연체	· 조합에 따라 중도금 비중을 6회에서 4회로 줄이기도 함 · 계약해지(3회 이상 연체 시)가 안 되는 범위 내에서 현금 자납+연체 전략

6 | 다양한 세금에서 이점이 많은 재개발

부동산 투자를 할 때 거래세와 보유세를 감당해야 합니다. 세금은 부동산 정책에 따라 수시로 바뀌는데, 상승기가 오래되면 세금에 각종 수요억제책이 붙기 때문에 세금 부담이 가중되는 경우가 많습니다. 그러나 증세의 타깃은 보통 기축 아파트이기 때문에, 재개발 입주권은 세금폭탄에서 약간은 벗어나게 됩니다.

2022년 2월 기준으로 취득세의 경우 다주택자는 취득세 중과 때문에 부동산 거래가 쉽지 않은데, 재개발의 특수물건인 토지나 무허가 건축물의 경우 또는 재개발 진행에 따라 주택이 멸실된 경우 비교적 저렴한 4.4~4.6%의 세금만 부담하면 됩니다.

양도세의 경우에도 2년의 보유 기간만 채우면 중과 지역에서도 일반과세로 매도할 수 있습니다.

보유세의 경우에도 건물의 가치가 거의 없거나 멸실되면 토지에 대한 세금만 나오기 때문에 부담이 적습니다.

종부세의 경우에도 멸실되면 토지로 판단되어 대상에서 제외됩니다.

최근 이슈가 되고 있는 1주택 비과세(1주택이 된 시점부터 2년 보유에 대한)의 경우에도 대체주택 특례 등으로 현재로서는 재개발, 재건축 등의 정비사업이 비과세를 유지하면서 투자할 수 있는 유일한 대안이 되고 있습니다.

7 | 다양한 매물 유형이 있는 재개발

재개발은 재건축과 다르게 다양한 매물 유형이 존재합니다. 빌라, 토지, 무허가 건물, 다가구주택, 상가주택, 통상가 등 매물 유형마다 특징이 다르기 때문에, 어떤 매물을 어떤 방식으로 공략하느냐에 따라 수익의 크기가 달라지기도 합니다.

한 발 더 뛰고, 더 알아보고, 개인의 노력에 따라 수익폭이 달라지기 때문에, 노력하는 사람에게 기회가 더 주어지는 투자 대상입니다. 상품의 자세한 특징은 2부의 '그래서 무엇을 사야 할까요?' 파트에서 상세하게 다룰 것입니다.

나만의 기준을
가져보세요

서두에서 말했듯 서울 주요 지역 재개발의 프리미엄만 10억 원이 넘습니다. 투자를 위해서는 최소 10억 원 이상이 있어야 한다는 얘기입니다. 경기나 인천의 주요 재개발 구역도 프리미엄이 수억 원을 호가한 지 꽤 되었습니다. 이런 상태이니 재개발 투자가 점점 어려워지고 있습니다.

몇 년 전 거래했던 재개발 투자 내역을 정리하다가 한 등기부등본을 접했습니다.

급한 마음이 느껴지는 등기부등본

[집합건물] ⬛⬛⬛⬛⬛ ⬛⬛⬛ ⬛⬛⬛ ⬛⬛⬛외 1필지 제1,2층 제3호

표시번호	대지권종류	대지권비율	등기원인 및 기타사항
2			2020년10월12일 1,2토지 대지권소멸 2020년10월12일 등기

【 갑 구 】 (소유권에 관한 사항)

순위번호	등 기 목 적	접 수	등 기 원 인	권리자 및 기타사항
1 (전 7)	소유권이전	1990년8월21일 제108522호	1990년6월12일 매매	소유자 ⬛⬛⬛ ⬛⬛⬛⬛ ⬛⬛ ⬛⬛ ⬛⬛⬛⬛ ⬛⬛⬛-⬛
				부동산등기법 제177조의 6 제1항의 규정에 의하여 2000년 01월 27일 전산이기
1-1	1번등기명의인표시 변경		2000년4월1일 전거	⬛⬛⬛⬛⬛ ⬛⬛ ⬛⬛ ⬛⬛⬛ ⬛ ⬛⬛⬛ ⬛⬛ ⬛⬛⬛
2	소유권이전	2001년5월29일 제36991호	2001년4월24일 매매	소유자 ⬛⬛⬛ ⬛⬛⬛⬛ ⬛⬛ ⬛⬛⬛ ⬛⬛⬛ ⬛⬛⬛-⬛ ⬛⬛⬛⬛⬛⬛ ⬛⬛⬛ ⬛⬛⬛⬛
3	소유권이전	2007년4월25일 제26198호	2007년4월25일 매매	소유자 ⬛⬛⬛ ⬛⬛⬛⬛ ⬛⬛ ⬛⬛⬛ ⬛⬛ ⬛⬛⬛ ⬛⬛⬛-⬛ ⬛⬛⬛⬛⬛⬛ 거래가액 금140,000,000원
3-1	3번등기명의인표시 변경	2013년12월6일 제60365호	2011년11월4일 도로명주소	⬛⬛⬛⬛ ⬛⬛⬛ ⬛⬛⬛⬛ ⬛⬛⬛⬛ ⬛⬛⬛ ⬛⬛, ⬛⬛⬛ ⬛⬛⬛ (⬛⬛⬛ ⬛⬛⬛⬛⬛⬛)
4	소유권이전	2017년6월14일 제210945호	2017년5월13일 매매	⬛⬛⬛ ⬛⬛⬛ ⬛⬛⬛⬛-⬛⬛⬛⬛⬛ ⬛⬛⬛⬛⬛⬛⬛ ⬛⬛⬛ ⬛⬛⬛ ⬛⬛⬛⬛⬛ ⬛⬛⬛⬛⬛⬛⬛ ⬛⬛⬛ ⬛⬛⬛⬛⬛⬛⬛ 거래가액 금128,000,000원
4-1	4번등기명의인표시 변경		2017년7월28일 전거	⬛⬛⬛⬛⬛ ⬛⬛ ⬛⬛⬛⬛ ⬛⬛ ⬛⬛⬛⬛⬛ ⬛⬛⬛ ⬛⬛⬛⬛ (⬛⬛⬛ ⬛⬛⬛⬛⬛) 2018년11월2일 부기
5	소유권이전	2018년11월2일 제396670호	2018년10월16일 매매	공유자 지분 2분의 1 ⬛⬛⬛ ⬛⬛⬛⬛ ⬛⬛⬛⬛⬛ ⬛⬛ ⬛⬛⬛⬛ ⬛⬛⬛ ⬛⬛ ⬛⬛⬛⬛ ⬛⬛ ⬛⬛⬛ (⬛⬛⬛ ⬛⬛⬛⬛⬛)

이 등기부등본을 보면 무엇이 느껴지시나요? 뭐가 보이시나요? 등기부등본 속 매도자는 2007년에 1억 4천만 원을 주고 샀다가 딱 10년을 채우고 2017년에 1억 2,800만 원을 주고 팔았습니다. 아마도 더 떨어졌다가 반등을 해서 어느 정도 원금 가까이 회복되자, 또 떨어질까 봐 두려워 황급하게 매도하지 않았나 싶습니다.

팔면서도 또 떨어질까 봐 두려워하는 마음이 느껴집니다.

그런데, 등기원인일과 등기접수일을 한번 보십시오. 등기원인일은 보통 계약일이고 등기접수일은 잔금일입니다. 계약하는 날 잔금을 치르고 바로 등기를 접수했습니다. 아마도 이날까지 등기를 접수해야만 규제에서 예외 처리되거나, 경쟁이 너무 치열해서 잔금을 빨리하는 사람 기준으로 매도했을 가능성이 큽니다.

이 매도자는 재개발에 대한 부푼 기대감에 급한 마음으로 매입했는데, 10년 동안 고통스러워하다 손해를 보고 황급하게 팔고 말았던 것입니다.

이 등기부등본을 천천히 보고 있으니, 앞으로 이런 상황이 또 반복되지 않을까 하는 생각이 듭니다. 이 매도자는 아마도 재개발이 된다는 말만 듣고 급하게 매수했다가 투자에 실패해 다시는 부동산 투자를 생각하지 않을 가능성이 높습니다.

'급한 마음'. 저를 포함해 현재 시장에 참여하고 있는 모든 이의 마음을 대변하는 단어가 아닌가 생각합니다. 무주택자는 실거주용 집을 마련하지 못해, 1주택자는 집을 넓혀가거나 추가로 투자를 하지 못해, 다주택자는 주변을 보니 더 투자했어야 했는데 시기를 놓친 것 같아서...

지금 필요한 것은 '급한 마음'이 아니라 다시 투자 기회가 오면 빠르게 판단할 수 있는 '나만의 투자 기준'입니다. 이번 사이클에 기회를 잡지 못했다면 나만의 투자 기준을 만들며 다음 기회를 기다려보는 건 어떨까요?

마침 재개발 구역을 지정하기 위한 주거정비지수가 폐지되거나 완화되어 그에 따른 초기 구역들이 하나둘씩 생겨나고 있고, 다음 장을 위한 씨앗을 뿌려주고 있습니다. 물론, 충분히 공부해 나만의 투자 기준을 가지고 있다면 아직 사이클이 시작되지 않은 다른 지역에서 투자 기회를 만들 수도 있고, 시장이 방향성을 잃었을 때 홀로 과감히 투자할 수도 있습니다.

급한 마음과
빠른 판단의 차이

급한 마음

2018년 초 부동산 시세가 상승하고 있었습니다. 주변에서 부동산 투자 성공 사례가 연이어 들려왔습니다. 마침 저에게는 조금의 시드머니가 마련되어 있었고, 부동산 투자를 위해 책을 여러 권 읽은 상태였습니다. 자신감이 차 있었습니다.

책은 모두 지난 1~2년간 자신의 경험담을 담은 것으로, 입지가 좋은 지역을 '싸게 사서 비싸게 팔았다' 또는 '시세가 올랐다'는 내용이 대부분이었습니다. "입지가 좋은 곳을 싸게 사서 비싸게 팔면

되는 거 아닌가?" 하고, 너무 쉽다고 생각했습니다.

입지가 좋은 지역은 부동산을 잘 모르는 사람이 봐도 '강남'이었습니다. 그런데 강남은 비싸서 접근하기 불가능에 가까운 지역이었습니다. 인터넷과 부동산 카페를 며칠간 모니터링해보니 '마곡'이란 곳이 눈에 띄었습니다. 그런데 시세를 살펴보니 역시 비쌌습니다.

부동산 책에 따르면 '1인 가구'가 증가한다고, 소형 아파트나 오피스텔에 투자해야 한다고 했습니다. 그래서 오피스텔은 조금 싸겠지 하고 인터넷 검색을 해봤는데, 해볼 만한 가격대였습니다.

중개인을 만나 오피스텔 한두 개를 봤습니다. 위치도 별로 안 좋고 상태도 좋지 않았습니다. 제가 실망한 걸 눈치챈 중개인은, 좋은 매물이 있다며 보러 갈 거냐고 넌지시 물어봤습니다. 신축 빌라를 보여줬는데, 너무 괜찮아 보였습니다.

제가 마음에 들어 하는 걸 눈치챈 중개인은 "사실 오전에 이거 보고 간 손님이 있는데, 그분이 조만간 계약금을 넣을 것 같다"고 말해줬습니다. 갑자기 심장이 빨리 뛰고 마음이 급해졌습니다. 이건 무조건 잡아야겠다는 생각이 들었습니다.

"이 정도 가격이면 옆 아파트보다 훨씬 싼데? 이 정도야 살 수 있지" 하면서, 마음은 굉장히 불안하지만 '다른 사람에게 뺏길 수는 없어'라는 생각에 뭐에 홀린 듯 그 자리에서 계약금을 입금했습니다.

계약을 마치고 와서 며칠 동안 정보를 얻었던 부동산 카페에 자랑스럽게 글을 올렸는데, 분위기가 좋지 않았습니다. 사람들의 반응이 싸했습니다. 왜 그걸 샀냐는 댓글이 대부분이었습니다.

"내가 뭘 잘못한 걸까?"

지금 와서 복기해보면 빌라에 투자한 게 나쁘다는 것이 아니라, 동네 시세를 전혀 모르고 신축 빌라를 급한 마음에 비싸게 산 것이 잘못이었습니다.

빠른 판단

실수했다는 걸 깨닫고 빌라를 다시 매도하려고 알아봤습니다. 지역 부동산에 들르니, "그걸 누가 요즘 그 가격에 사냐"는 핀잔만 들었습니다. 그럼 많이 깎아줄 테니 좀 팔아 달라고 부탁했으나 역시 연락이 없습니다. 잘못했다는 자책감에 잠도 안 오고 모든 일에 의욕이 없어져버렸습니다.

이렇게 무너질 수 없다는 생각에, 부동산 공부를 다시 시작했습니다. 책도 좀 선별해서 읽었습니다. 부동산도 여러 상품이 있고, 상품별로 투자 방식이 조금씩 다르다는 사실을 알게 되었습니다.

그중 좀 더 저에게 맞는 '재개발 투자'에 집중하기 시작했습니다. 시드머니 중 약간의 돈이 남아 있었습니다. 이 돈으로 어떻게든 최선의 성과를 내야 한다고 생각했습니다. 재개발과 관련된 책을 읽고 또 읽고, 블로그와 카페에 있는 대부분의 자료를 읽으며, 머릿속에 구조화시켰습니다. 특정 재개발 구역에 투자하고자 미래기대시세, 대략적인 감정평가를 통한 프리미엄에 대해 생각하고 부동산을 돌았습니다.

그러던 중 어느 토요일 오후 정말 좋은 매물을 만났습니다. 제가 찾는 기준에 딱 맞는 매물인데 제 기준에서 너무 저렴했기 때문에, 꼭 잡아야 한다고 생각했습니다.

예전에 빌라를 살 때와는 완전히 다른 느낌이었습니다. 가슴이 너무 뛰고 흥분되었습니다. 바로 그 자리에서 계약금을 입금하고는 마음이 너무 편해졌습니다.

공부를 통해 급한 마음이 아닌 빠른 판단을 할 수 있게 된 것입니다.

* 소득 유형은 근로소득, 사업소득, 자본소득, 이전소득으로 분류할 수 있다. 근로소득에 의존해 살아가는 사람이 대부분이지만, 부자가 되고자 하려면 자본소득에 집중해야 한다.

* 직장인 최적의 투자 대상은 부동산이다. 개인이 자신만의 아이디어와 전략으로 투자할 수 있고 원금 손실 가능성이 없으며 급격한 시세 변동이 거의 없기 때문이다.

* 부동산 투자를 하기 위해선 종잣돈이 필요한데 저축은행 정기적금, 적립식 펀드, 대출(주택담보대출, 신용대출, 회사기금대출), 퇴직금, 공동투자 등으로 마련할 수 있다.

* 재개발 투자는 투자 결정 기준이 심플하고 안전마진이 예측 가능하며 특정 단계 이후부턴 안정적이다. 또한, 경쟁자가 적고 레버리지를 극대화시킬 수 있으며 다양한

세금에서 이점이 많고 다양한 매물 유형이 존재한다. 장점이 매우 많다고 할 수 있을 것이다.

* 급한 마음이 아닌 자신만의 기준으로 빠르게 판단해 투자 기회를 잡아야 한다.

* 안정적으로 자산을 증식시키는 방법 중에 하나는 부동산 투자, 그중에서도 재개발 투자다.

재개발 투자 기준의 첫 번째는 입지입니다. 부동산 투자의 기본
서를 읽어보면 이런 말이 나옵니다. "부동산은 첫째도 둘째도
셋째도 입지다." 두 번째는 상품, 즉 투자 대상입니다. 다양한 유
형의 투자 대상들을 어떻게 공략하느냐에 따라 수익 크기가 달
라질 수 있습니다. 마지막으로 타이밍입니다. 아무리 좋은 입지
에 있는 좋은 상품이라도, 잘못된 타이밍에 투자하면 오랫동안
자금이 묶이거나 고통에 시달릴 수 있습니다. 그만큼 판단하기
어려운 게 타이밍, 즉 사이클입니다.

2부

재개발 투자 기준
3대장 파헤치기

1장

앞으로 좋아질
입지를 찾는 법

일자리와 연결된
노선을 노리세요

가격은 입지의 모든 요소를 담고 있기 때문에 가장 좋은 곳은 곧 가장 비싼 곳입니다. 그런데, 투자를 시작하는 분들은 대부분 자금이 넉넉하지 않기 때문에 현재 좋은 입지보다 앞으로 좋아질 입지를 찾는 게 중요합니다. 재개발은 현재 가치가 낮지만 시간에 투자해 가치가 올라가는 대상에 투자하는 것으로, 좋아지는 입지에 재개발 투자를 하면 잃고 싶어도 잃기 힘들 것입니다. 앞으로 좋아질 입지에 대해 자세히 알아보도록 하겠습니다.

| 7호선 라인 연장 |

7호선	중동 중동포도마을영남 경기도 부천시 중동 1170		중동 금강마을 4단지 경기도 부천시 중동 1029		중동 중동금호한양한신 경기도 부천시 중동 1179	
	매매	31평	매매	31평	매매	31평
	2012.10~2013.10(1년)		2012.10~2013.10(1년)		2012.10~2013.11(1년 1개월)	
	매매 -2.41% / 전세 +30.35%		매매 +0.97% / 전세 +37.31%		매매 -5.57% / 전세 +21.05%	

7호선 연결 일자리
1) 가산디지털단지(G밸리) : 분
2) 고속버스터미널(강남) : 분

구분	전세가 상승률
전국	6.6%
수도권	8.2%
서울	8.2%
경기	8.3%
인천	7.4%
부천	10.6%

(자료: KB 전세지수)

1호선	송내동 중동역푸르지오 경기도 부천시 송내동 372		중동 중동복사골건영1차 경기도 부천시 중동 1186		중동 밸리스카운티 경기도 부천시 중동 1288	
	매매	33평	매매	31평	매매	33평
	2012.10~2013.10(1년)		2012.10~2013.10(1년)		2012.10~2013.11(1년 1개월)	
	매매 +15.32% / 전세 +14.59%		매매 +6.59% / 전세 +8.57%		매매 +2.88% / 전세 +15.97%	

첫 번째 요소는 일자리와 관련되어 있습니다. 일자리가 새로 생기는 곳이나 일자리와 연결된 노선이 새로 생기는 곳을 찾는 것입니다. 일자리가 새롭게 만들어지는 건 상당히 어려우니, 일자리와 연결된 노선이 새로 생기는 곳을 살펴보는 것이 좋습니다.

일단 일자리와 연결된 노선이 새로 생기면 어떤 변화가 일어나는지 데이터로 추적해보겠습니다. 7호선 온수~부평구청 구간은 2012년 10월에 개통했습니다. 7호선은 G밸리라고 하는 가산디지털단지와 강남의 고속버스터미널을 연결한 노선입니다. 일자리와 연결된 노선으로 부천 기준 G밸리까지 20분, 고속버스터미널까지

46분이 걸립니다.

노선이 개통되었을 때는 2012년으로, 집값 하락기이기 때문에 아무도 집을 사려 하지 않던 시절입니다. 그렇기에 전세로 수요가 몰렸고, 수도권에선 8% 그리고 부천 평균 10%의 전세가 상승이 있었습니다.

7호선 개통 후 1년간의 전세가 데이터를 보면, 기존에 있던 1호선 라인은 부천시 평균만큼 상승했는데 7호선 라인은 1호선 라인보다 약 세 배 더 많이 오른 걸 알 수 있습니다.

이유는 무엇일까요? 아마도 일자리와 연결된 7호선 라인을 타고 상대적으로 소득이 높은 이들이 내려와 실사용가치인 전세가를 올렸을 것이고, 전세가의 상승은 추후에 자연스레 매매가의 상승으로 이어졌을 것입니다. 매매가가 전세가보다 쌀 수는 없기 때문입니다.

이렇게 일자리와 연결된 신규 노선이 개통하면 실사용가치인 전세가가 올라가고 매매가를 자극하는 효과가 있습니다.

그럼 일자리와 연결된 노선은 어디가 있을까요? 일자리의 양을 볼 때는 국민연금 가입자 데이터를 이용하고, 일자리의 질을 보려면 연말정산 데이터를 이용합니다. 국민연금 가입자로 일자리 수를 추정해보면, 익히 알고 있듯 GBD(강남), CBD(종로·을지로), YBD(여의도)의 일자리 수가 가장 많습니다.

서울의 국민연금 가입자 현황(2019년 기준)

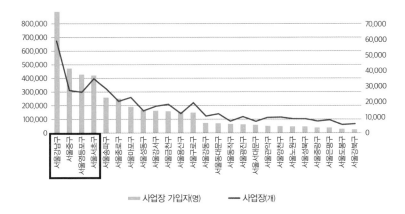

자료: 통계청

일자리가 많은 지역

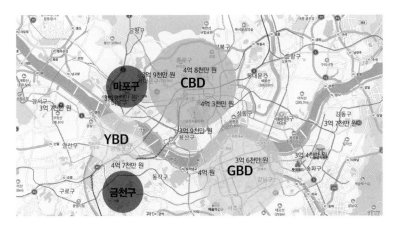

자료: 네이버 지도

하차 데이터도 국민연금 가입자 데이터와 비슷한 결과가 나옵니다. 지도에 지도에 표시해보면, GBD, CBD, YBD 순으로 일자리가 많고 가산디지털단지가 속해 있는 금천구, 그리고 상암, 공덕이 속해 있는 마포구도 일자리가 증가하고 있습니다.

그럼, 전철이 개통되었을 때 어떤 지역이 효과가 더 클까요? 저명한 투자자 아기곰님에 따르면, 전철이 없던 곳이 더블 역세권이 된 곳보다 효과가 더 크고, 또 업무 중심지에서 먼 곳이 효과가 더 크다고 합니다.

업무 중심지에 가까운 곳은 다른 교통수단으로 통근이 가능한데, 먼 지역은 업무지구까지 다른 대체수단 없이 한 시간 반 이상 걸리는 것을 절반 이상 단축하는 경우가 있으니 효과가 더 큰 것으로 생각됩니다.

정리하면, 기존에 전철이 없었고 업무시구와 먼 곳이 상승효과가 가장 크다고 할 수 있습니다.

철도사업 추진 계획과 진행 사항

자, 그럼 이처럼 철도사업 추진 계획이 있는 곳이라면 아무 곳이나 아무 때에 투자해도 될까요? 철도 계획은, 얘기만 나와도 파급력이 크기 때문에 국민적인 관심이 높습니다.

진행 단계	주무부서	소요 기간
사업계획 수립	국토교통부	
예비타당성 조사	기획재정부	12개월
기본계획 수립/고시	국토교통부	12개월
대형공사 입찰방법 심의	국토교통부	
기본 및 실시 설계	국가철도공단	24개월
실시계획 승인/고시	국토교통부	3개월
공사 입찰 및 계약	국가철도공단	3개월
착공 및 준공	국가철도공단	60개월

관심

이후 진입

자료: 국토교통부

철도사업 추진 절차를 보니 단계가 엄청 많습니다.

작년 크게 화제가 되었던 GTX-D의 경우 이 진행 단계에 들어서지도 않았고, 몇 년 전에 예비타당성 조사를 통과한 GTX-B의 경우 이제서야 기본계획을 수립하고 있습니다. 그런데 보통 예비타당성 통과 기사가 크게 나기 때문에, 예비타당성 검사만 통과되면 바로 착공하는 줄로 알고 있는 분들이 있습니다. 그러나 이후에도

연장 노선과 신규 노선

		실시계획 승인	착공	개통(예정)
연장 노선	4호선		진접 연장	2022년 3월
	5호선		하남 연장	2021년 3월
	7호선		석남 연장	2021년 5월
	8호선	별내 연장		2023년 하반기
	신분당선	신사 연장		2022년 초
신규 노선	GTX-A			2028년 예정
	신안산선			2025년 예정
	신림선			2022년 5월 예정
	월판선			2027년 예정
	인동선			2027년 예정

수많은 단계를 거쳐야 하니, 착공은 최소 5~6년 후로 예상됩니다.

한 예로 지금 한창 공사를 하고 있는 신안산선은 예비타당성 통과에서 착공까지 16년이라는 시간이 걸렸습니다. 확실히 되는 노선에만 투자하고 싶다면, 예비타당성 통과가 된 노선에 관심을 가지고 있다가 실시계획 승인 및 고시 전후로 환경영향평가를 한다고 할 때 투자하는 게 맞다고 생각합니다.

현재 확정되어 착공했거나 착공 예정인 노선을 살펴보겠습니다.

연장 노선은 4호선 진접선 연장이 진행 중이고, 5호선 하남선 연장은 배차 간격이 최악이지만 몇 번의 연장을 거쳐 2021년 드디어 개통했습니다. 7호선 석남선 연장의 경우에도 두 개의 역을 연장하는 데 10여 년을 시간을 들여 2021년에 개통했습니다. 8호선 별내선 연장 역시 진행 중이고, 신분당선 신사선 연장 공사도 진행 중입니다.

신규 노선으로는 GTX-A가 대표적인데, 착공에 들어갔으나 문화재가 발굴되고 있어 완공 예정일보다 지연될 것으로 예상됩니다. 신안산선은 16년만에 착공해 순조롭게 공사가 진행되고 있습니다. 상대적으로 잘 알려져 있지 않은 듯한 신림선도 2022년 완공을 목표로 진행 중이고, 월판선과 인동선은 2022년 착공 예정입니다.

그런데 이렇게나 관심이 높은 철도 계획도, 부동산 침체기가 오면 다 잊히고 심지어 개통을 해도 집값에 아무런 영향이 없는 경우도 있습니다. 앞서 예를 들었던 일자리와 연결된 7호선의 경우에도 개통을 했지만 집값이 아무런 반응도 없던 시기가 있었습니다. 일자리와 연결된 철도 노선 계획은 꾸준히 트래킹하는 게 중요합니다.

대규모 신규 단지가
들어설 곳을 찾으세요

부모의 니즈를 얘기했으니, 이제는 자녀의 니즈를 다뤄보고자 합니다. 즉, 학군에 대한 얘기입니다. 그러고 보니, 부모의 니즈이기도 하겠네요.

학군이 좋다고 하는 곳은 어떻게 형성되었을까요? 학군이 좋아지는 곳은 어떤 특징이 있을까요?

결론적으로 말씀드리면, 일정 규모 이상의 신규 주거 단지가 입주하는 곳을 찾아야 합니다.

| 아현동 평균 연령 |

구분자	2008년	2009년	2010년	2011년	2012년	2013년	2014년	2015년	2016년	2017년	2018년
서울시 평균	37	37.5	38.2	38.7	39.2	39.7	40.2	40.6	41.2	41.6	42.2
아현동 평균	38.7	39.2	40.3	40.3	40.6	41.1	39.9	40.1	39.9	39.8	40.1
아현동 − 서울시	1.7	1.7	2.1	1.6	1.4	1.4	−0.3	−0.5	−1.3	−1.8	−2.1

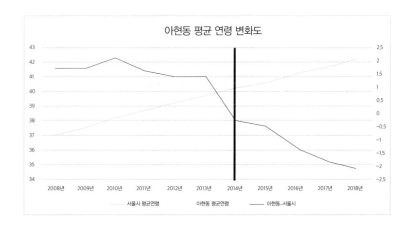

자료: 행정안전부

행정안전부가 매월 업데이트하는 평균 연령 데이터입니다. 데이터를 보면, 아현동은 원래 서울시보다 평균 연령이 높았습니다. 즉, 나이가 많은 사람들이 더 많이 사는 지역이었습니다.

시간이 지나며 서울시는 나이를 먹어갑니다. 아현동도 마찬가지였습니다. 그런데 2014년에 들어서 아현동이 갑자기 젊어지기 시작하더니, 서울시와의 격차를 점점 벌립니다. 무슨 일이라도 일어난 것일까요?

| 마포래미안푸르지오 입주 |

(단위: 명)

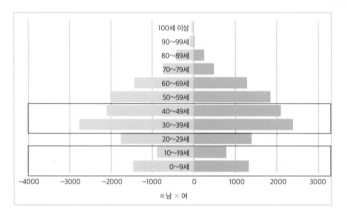

구분자	2009년	2010년	2011년	2012년	2013년	2014년	2015년	2016년	2017년	2018년	2019년
서울시 학령 인구	1,766,584	1,726,791	1,675,193	1,610,305	1,549,822	1,490,237	1,428,592	1,369,892	1,315,121	1,268,060	1,217,715
아현동 학령 인구	2,391	2,331	2,257	2,343	2,274	2,137	2,957	3,032	2,762	2,800	2,745
비중	0.135%	0.135%	0.135%	0.146%	0.147%	0.143%	0.207%	0.221%	0.210%	0.221%	0.225%

자료: 국가통계포털

학령 인구가 늘어난다는 것

해답은 2014년 마포래미안푸르지오 입주였습니다. 자그마치 4
천여 세대가 입주했는데, 30대 중후반에서 40대 맞벌이 부부들이
자녀들과 함께 입주했던 것입니다. 당연히 학령 인구가 늘어났습
니다.

학령 인구가 늘어나면 자연스레 학원가가 생성됩니다. 마포구

2006년   2016년

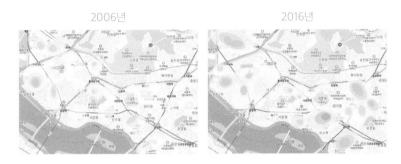

자료: 통계지리정보시스템

학원가 밀집도 변화를 보면 대략이나마 알 수 있습니다.

이렇듯 일정 규모 이상의 신규 단지가 생겨나면, 주거 여건이 개선되며 비슷한 수준의 중산층이 입주하고 그들만의 문화를 만듭니다.

우리나라에서 학군이 좋다고 하는 곳은 전부 신도시였습니다. 강남도 영동 신도시였고, 목동도 목동 신시가지였습니다. 학군이 좋다고 하는 경기도의 분당, 평촌, 산본, 일산, 중동 모두 다 신도시였습니다.

하여, 신규 단지가 대규모로 들어서면 비슷한 수준의 계층이 입주하고 학원가가 생성되며 학업 성취도가 올라가면서 자연스레 학군이 좋다는 얘기가 나오게 되는 것입니다.

그전에는 없던 마포 학원가 기사가 나오기 시작합니다.

| 마포 학원가 기사 |

파이낸셜뉴스 PiCK 2020.09.14. 네이버뉴스

[르포]"거래되면 신고가" 마포 전세 열흘새 1억↑

마포 일대에서도 학군이 형성된 곳의 아파트 단지는 아예 매물이 나오지 않고 호가만 뛰고 있다. 염리초등학교 인근 마포리버웰 전용 84㎡은 지난 3개월 간 한달...

서울경제 PiCK 2019.11.18. 네이버뉴스

뉴타운 들어선 마포·성북 ··· 신흥 학군으로 부상

마포구와 성북구가 서울 시내 신흥학군으로 부상하고 있다는 분석이 나왔다. 대규모 재개발을 통해 중산층이 유입되면서 학원가가 형성되고 지역 학생들의 학력...

"새 아파트 덕분에"...마포·성북구 新학군 급... 뉴시스 2019.11.18. 네이버뉴스
마포·성북, 新 맹모삼천지교 디지털타임스 2019.11.18. 네이버뉴스
마포·성북 뉴타운 효과 ··· 신흥 명... 서울경제 PiCK 2019.11.18. 네이버뉴스
서울 **마포**·성북구, 신흥 명문학군 ... 조선비즈 PiCK 2019.11.18. 네이버뉴스

관련뉴스 20건 전체보기 ›

매일경제 PiCK 2020.07.04. 네이버뉴스

[매부리TV] 학군 약점인 마포, 학부모 소유주는 이사가야 할까

최근 몇 년 동안 서울서 가장 많이 발전한 지역인 마포. 이곳 30~40대 학부모들의 고민은 최대 약점인 학군 때문에 이사를 가야 하는 것이다. 자금 사정 때문에 강...

한국경제TV PiCK 2019.12.05. 네이버뉴스

'웨딩샵 대신 학원'...학원1번지 노리는 마포

[인터뷰] 마포구 A 공인중개사 "대흥역 주변으로 틈바구니만 있으면 다 들어와서 주목을 받고 있어요." 이처럼 마포 일대가 신흥 학군으로 떠오르면서 앞으로의 ...

비선호 시설 이전
예정 지역을 선호하세요

좋아지는 입지의 세번째 조건은, 비선호 시설이 이전하는 곳입니다.

신도시의 경우 공원이 들어갈 자리, 상업 시설이 들어갈 자리, 학교가 들어갈 자리가 계획되어 있습니다. 그러나 구도심의 경우 공원이나 대형 유통시설 등 편의시설이 부족한 편이지만 부지가 없습니다. 신도시에 비해 그런 점이 많이 부족합니다.

그런데 간혹, 교도소나 군부대같이 비선호 시설이 이전하는 곳이 있습니다. 이전한 후 남겨진 곳을 두고, 주민들은 원하는 시설을 유치해 달라고 요청하고 지자체는 그 요청을 무시하지 못합니다. 이처럼 비선호 시설이 이전한 후 그 자리에 들어오는 시설이 호재로 작용하는 경우가 있습니다.

요즘 사람들은 슬리퍼 끌고 복합문화시설에 가는 것을 선호하는데, 그래서 나온 신조어가 '슬세권'입니다. 일반 판매시설보다 공간을 소비할 수 있는 시설을 원하는 것이죠. 대표 시설이 바로 스타필드입니다.

| 스타필드 현황 |

단계	지역	비고
개장	스타필드 하남	2016년 9월
	스타필드 코엑스몰	2016년 12월
	스타필드 고양	2017년 8월
	스타필드 안성	2020년 10월
	스타필드시티 위례	2018년 12월
	스타필드시티 부천	2019년 9월
	스타필드시티 명지	2019년 10월
공식 착공 및 허가	스타필드 창원	2023년 개장 예정
	스타필드 수원	2023년 개장 예정
	스타필드 청라	2024년 개장 예정
부지 확보 입점설	송도	신세계 부지 소유, 백화점으로 계획 수립 중
	구월(인천)	신세계 부지 소유, 구체적인 일정 계획 없음 (설계용역 중)
	동서울	특수목적 법인(신세계 지분 85%) 소유, 서울시와 협의 중

부천시 평균 상승률(최근 3년)   부천 스타필드 주변 단지 상승률(최근 3년)

자료: 호갱노노

스타필드의 영향력

스타필드가 입점하는 지역의 집값 상승률 데이터를 살펴봤습니다. 2019년 9월에 부천 스타필드가 오픈했습니다. 오픈 후 3년 동안의 집값 상승률을 보면, 부천 전체가 36.3% 상승한 반면 스타필드 주변은 그 두 배에 해당하는 70% 가까이 상승했습니다.

연식이 비교적 짧아 그런 게 아닌가 싶어 부천 내 타 지역을 살펴봤습니다. 비슷한 시기에 입주한 아파트와 비교해봐도 더 많이 올랐다는 걸 알 수 있습니다. 아무래도 스타필드 같은 선호 시설이 입점하면 집값에 큰 영향을 줄 수밖에 없습니다.

프리미엄 요소로 작용하는
마지막 조건은?

지금까지 세 가지 조건과 관련된 데이터를 기반으로 말씀드렸습니다. 마지막 플러스 알파 조건은 자연환경 또는 인공환경 조건입니다.

입지 전문가 빠숑님에 따르면, 자연환경만 있으면 아무것도 아니지만 앞의 세 가지 요소(일자리 연결 노선, 일정 규모 이상의 신규 주거 단지, 비선호 시설 이전)에 환경적인 요소가 더해지면 프리미엄 요소로 작용한다고 합니다. 한강뷰, 바다뷰, 숲세권 등이 있습니다.

지금까지 입지의 3+1 조건을 알아봤습니다. 일자리와 연결되는 철도가 새로 생기고, 신규 주거 단지가 일정 규모(보통 3천여 세대) 이상 뭉쳐 생기고, 비선호 시설이 이전해 남겨진 곳이 생기고, 산이나 강, 바다 같은 자연환경이 있는 곳. 이 조건을 전부 만족하면 좋겠지만, 일부라도 만족하는 입지는 좋아질 수밖에 없을 것입니다.

몇 가지 예시를 들어보겠습니다.

2018년쯤에 검토했던 지역으로, 지금은 매력적이지 않을 수 있으니 예시로만 봐주시면 좋겠습니다. 제가 투자를 생각했던 2018년 하반기에는 이미 서울 재개발과 경기 1급지가 많이 오른 상태였습니다. 그래서 저는 그 외 지역을 위주로 위의 입지 조건을 만족하는 지역을 찾을 수밖에 없었습니다. 사실 서울의 웬만한 뉴타운 지역은 위의 조건을 대부분 만족한다고 할 수 있습니다.

가장 먼저 본 곳은 안양시 만안구였습니다. 안양에 사는 분들은 아시겠지만, 안양은 동안구와 만안구 간 인프라 차이가 상당합니다. 당시만 해도 부동산 투자자들 사이에서 평촌 신도시에 속한 동안구는 인기가 많았지만, 만안구는 그렇지 않았습니다.

하지만 만안구의 냉천구역 주변은 앞으로 좋아질 입지의 조건을 모두 갖추고 있었습니다. 그때 당시 월판선 안양역이 100% 국책사업으로 확정되어 벽산사거리에 생길 예정이었고, 두 번째로 소

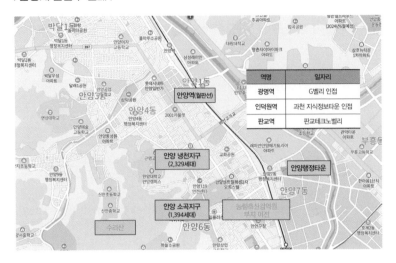

역명	일자리
광명역	G밸리 인접
인덕원역	과천 지식정보타운 인접
판교역	판교테크노밸리

곡지구, 즉 지금의 안양씨엘포레자이가 분양을 한 상태였으며, 근처 냉천지구 재개발이 한창 진행되고 있었습니다. 소곡지구와 냉천지구를 합쳐 4천 세대 가까이 입주할 예정이었기에, 주거 여건이 크게 개선될 것으로 예상되었습니다.

세 번째로 일자리와 편의시설이 들어올 예정이었습니다. 인근에 농림축산검역원이 이전을 완료한 상태였고, 만안구 행정타운 지구단위 계획이 수립된 상태였습니다. 마지막으로 소곡지구와 냉천지구 뒤로 수리산이 있어 단지와 바로 연결되어 있습니다.

3+1 조건을 모두 만족시키는 지역이었기에 상당히 좋다고 생각했고, 이후 시세가 많이 올랐습니다.

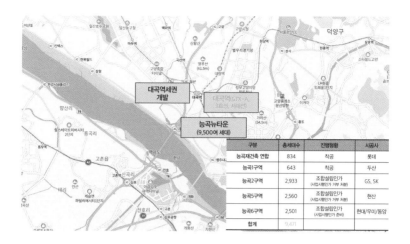

구분	총세대수	진행현황	시공사
능곡재건축 연합	834	착공	롯데
능곡1구역	643	착공	두산
능곡2구역	2,933	조합설립인가 (사업시행인가 거부 처분)	GS, SK
능곡5구역	2,560	조합설립인가 (사업시행인가 거부 처분)	현산
능곡6구역	2,501	조합설립인가 (사업시행인가 준비)	현대/우미/동양
합계	9,471		

두 번째로 본 곳은 고양시 능곡뉴타운입니다. 이 지역도 좋아지는 입지 조건의 삼박자가 갖춰져 있습니다.

첫 번째로 3호선 대곡역이 근처에 있고 GTX-A가 진행되고 있어 일자리와 연결되는 노선을 확보하고 있습니다. 두 번째로 능곡뉴타운 전체가 1만 세대 가까이 됩니다. 고양시와의 분쟁으로 사업시행인가에 문제가 있지만, 2021년 행정소송에서 조합 측이 승소했다고 합니다. 잘 진행될 것으로 예상됩니다. 세 번째로 대곡역세권 개발도 예정되어 있는데, 사업성 문제로 계속 무산되고 있긴하나 GTX-A 개통이 가까워지면 사업성을 확보한 후 제대로 진행될 것으로 예상합니다. 대곡에서 한강변까지 가깝고 앞쪽이 그린벨트이기 때문에, 고층에서 한강뷰를 확보할 것으로 예상됩니다.

구분	총세대수	진행현황	시공사
산곡 2-1	1,116	착공	신일
산곡 2-1	811	착공	쌍용
산곡4구역	799	착공	두산
산곡6구역	2,708	사업시행인가 (관리처분인가 총회)	GS, 현대, 코오롱
산곡9구역	2,531	조합설립인가 (관리처분인가 총회)	효성
청천1구역	1,623	철거 중(12월 분양 예정)	롯데, 포스코
청천2구역	5,050	철거 중(12월 분양 예정)	대림
부평 아이파크	256	입주	현산
합계	14,892		

마지막으로 인천시 부평의 산곡·청천 재개발 지역입니다. 이 지역도 좋아지는 입지 조건의 삼박자가 갖춰져 있는 건 마찬가지입니다.

이 지역은 첫 번째로 2021년 5월 강남으로 연결되는 7호선이 개통했습니다. 두 번째로 주변으로 많은 재개발 지역들이 해제 없이 진행되고 있습니다. 전부 다 입주할 시 1만 5천 세대, 주변까지 합하면 1만 8천 세대에 이릅니다. 신규 주거 단지가 입주하게 되어 동네 자체가 바뀔 것입니다. 세 번째로 역 앞 공병부대 부지가 이전을 완료했고 2022년 상반기에 민간사업자 공모를 받을 예정입니다. 지역 주민들은 인근에 부족한 상업 시설이 들어오길 바라고 있어, 일명 '선호 시설'이 들어올 가능성이 높습니다. 마지막으로 뒤쪽으로 원적산과 공원들이 잘 꾸려져 있어 자연환경적 요소들도 만족스럽습니다.

2장

그래서,
무엇을 사야 할까요?

재개발 투자 입문,
다세대주택

재건축 사업과 재개발 사업의 가장 큰 차이점은, 재건축의 경우 아파트를 소유하고 있어야 입주권이 주어지지만 재개발은 일정 요건만 맞추면 토지만 있거나 건물 한 평만 있어도 조합원이 될 수 있다는 것입니다.

즉, 재개발은 다양한 매물의 유형이 존재할 수 있기 때문에 유형의 특징을 알고 어떻게 공략을 하는가가 중요합니다. 재개발 투자의 매물 유형에 대해 알아보도록 하겠습니다.

먼저 공동주택에 대해서 알아보겠습니다.

공동주택에는 연립주택, 다세대주택, 아파트 등이 있습니다. 재개발 지역에도 아파트가 있는 경우가 있습니다만, 재개발 투자에 입문하면 보통 가장 먼저 찾는 대상은 다세대주택일 것입니다.

다세대주택의 장점이라 하면, 규모가 비교적 작기 때문에 투자금이 적게 들어 접근하기 용이하다는 것입니다. 관리도 비교적 쉽고, 매수 수요가 끊이지 않아 환금성도 좋습니다. 상태가 양호한 경우도 많아, 전세를 통해 투자금을 줄이기에도 좋습니다.

단점으로는, 규모가 작기 때문에 요즘같이 중대형 평수 선호도가 높은 시기에는 조합원분양 신청 시 우선순위에서 밀릴 가능성이 높다는 것입니다. 그리고 재개발 해제 시 처분하기도 힘든 애물단지가 될 수 있고, 재개발 활황기에는 투자 수요가 많기 때문에 가치에 비해 가격이 높을 수 있습니다. 그래서 다세대주택은 타 매물에 비해 재개발 해제 시 타격이 큽니다.

요즘같이 초기 재개발이 활발한 시기에는 신조례가 적용되는 구역의 권리산정일 이전에 등기 완료된 신축 빌라 분양을 노리는 것에 약간의 기회가 있다고 생각합니다. 재개발 구역 내에 정상적인 입주권이 나오는 신축 빌라를 분양받게 되면, 구축 빌라에 비해 신축 빌라의 사용 가치가 높기 때문에 투자금을 줄일 수 있습니다. 또한 신규 분양의 경우 자금조달 계획서가 생략되고 추후 감정평가 시 연식에서 유리하다는 장점도 있습니다.

이런 초기 구역 신축 빌라 투자는 아주 잘 알고 접근해야 하니 꼭

| 조합원분양 자격 |

	기본계획 수립/지구단위계획 결정고시일 ← 2010.7.15 →	
	구조례 적용	신조례 적용

전환 다세대
(기존 단독, 다
가구주택이 다
세대로 전환된
경우)
	· 2003.12.30 이전 구분 등기 완료:
	인정
	 – 단, 전용면적 60m² 이하:
	  60m² 이하만 선택
	  전용면적 60m² 초과:
	  평형 배정 제한 없음(조합정관에 따
	  라 배정 변경 가능)
	· 2003.12.30 이전 구분 등기 미완료:
	인정 불가
	· 예외적으로 아래의 경우 인정
	① 다가구주택(단독주택 포함)
	1997.1.15 이전 가구별로 지분 소유
	또는 구분 소유 등기 필한 경우: 인정
	② 합동주택
	'서울시주택개량재개발사업시행조례'
	에 따라 건축된 합동주택 중 1998.5.7
	이전 가구별 지분 소유 또는 구분 소
	유 등기 필한 경우: 인정
		· 권리산정일 이전까지
		① 구분 등기 완료: 인정
		② 구분 등기 미완료: 인정 불가

신축 다세대 (기존 건축물 을 허문 대지 위에 다세대를 신축한 경우)	· 2008.7.30 이전 보존 등기 완료: 인정 · 2008.7.30 이후 보존 등기 완료+주 거 전용면적이 분양하는 최소 주거 전 용면적 이상인 경우: 인정 · 그 외: 인정 불가	· 권리산정일 이전까지 ① 건축허가+준공+보존등기: 인정 ② 건축허가+준공: 인정 불가 ③ 건축허가: 인정 불가

자료: 서울시 조례

전문가의 조언을 받으시길 바랍니다. 그리고 요즘에 유행하는 게 구역지정 전 초기 구역의 이른바 '썩빌(썩은 빌라)'에 투자하는 것인데, 이것도 리스크가 높으니 참고만 하시면 될 것 같습니다.

앞쪽의 표는 서울시 조례 기준으로 조합원분양 자격을 정리해 놓은 것입니다. 그런데 각 지역의 조례마다 또 케이스마다 기준이 다르기 때문에, 기준을 외우는 것은 큰 의미가 없을 것 같습니다. 기준이 있다는 정도만 알아두고, 실제 투자 시에는 케이스별로 역추적해 조합과 구청 등에 자격을 확인하는 방법이 더 효율적일 것 같습니다.

다주택자의 틈새 전략, 상가

다음은 통상가 또는 상가주택, 상가입니다.

상가의 경우, 재개발 시 상가를 받는 게 원칙입니다. 그러나 조례나 정관에서 정한 일정 요건을 충족하면, 아파트 입주권을 받을 수 있습니다. 재개발 지역에는 상가가 적지 않게 있고, 또 지금은 재개발로 흡수되었지만 도시환경정비구역 같은 경우 상업지 재개발이기 때문에 상가 매물을 심심치 않게 볼 수 있습니다.

상가의 장점이라 하면, 다주택자 관점에서 취득세가 저렴한 편입니다. 취득세 중과 이전에는 취득세가 4.6%로 비쌌는데, 지금은 일반 주택의 취득세가 12.4%가 되니 상가의 취득세가 상대적으로 매우 저렴해졌습니다. 그리고 상가는 주택이 아니기 때문에 대출 규제에서 조금은 자유롭습니다. 통상가 같은 경우 감정가액이 크면 입주권 두 개와 상가 한 개를 받는 경우도 있습니다.

　　단점으로는 감정가액이 크지 않은 상가의 경우 아파트 입주권을 받을 수 있는지 여부가 불확실할 수 있고, 감정가액이 큰 상가라 하더라도 1+1로 주택을 받게 되면 상가 배정 우선순위에서 대부분 후순위로 밀릴 수 있습니다. 더불어 감정가액이 큰 상가의 경우 환금성이 다소 떨어지기도 합니다.

　　다주택자라면 통상가에 투자하는 것이 현명할 수 있겠습니다. 대출을 최대한 받아 규제지역 재개발 통상가를 매입하고 법인 명의로 투자한 경우, 이자는 법인 비용으로 처리합니다. 감정가액이 크기 때문에, 경우에 따라서 최대 입주권 두 개와 상가 한 개를 받을 수 있습니다. 이주할 때 대출을 상환하지 않고 이주비 대출도 받지 않으며 입주할 때까지 계속 가져가는 경우도 있습니다. 은행에 따라서 이자 납입만 잘하면 아무런 문제가 없는 경우도 있고, 조합도 조합원의 근저당을 유지한 채로 사업을 진행하는 곳도 있습니다.

재개발만의 특수 매물,
토지/무허가 건축물

다음은 특수한 물건이라 할 수 있는 토지와 무허가 건축물입니다.

일반 공동주택이나 상가와 다르기 때문에, 투자 경험이 약간이라도 있는 분들이 주로 찾는 편입니다.

토지와 무허가 건축물의 장점은 상가와 마찬가지로 다주택자 입장에서 취득세가 상대적으로 저렴하다는 것입니다. 또한 토지의 경우 입주권이 되기 전까지 주택 수에 포함되지 않고 무허가 건축물의 경우 건물의 가치가 거의 없기 때문에, 투자금이 분양권 수준으로 적게 들어가곤 합니다.

단점으로는 일정한 요건을 충족해야만 입주권이 주어지기 때문에 정말 꼼꼼히 여러 번 자격을 확인해봐야 한다는 것입니다. 토지의 경우 도로는 대출이 불가능하고 감정평가가 일반 대지의 1/3 수준으로 나오며, 무허가 건축물의 경우 권리가액이 거의 없기 때문에 조합원분양 신청 시 선호하는 평형대를 선택하지 못할 가능성이 매우 높습니다.

다주택자의 경우 취득세나 양도세 등 거래세로 투자하기 빡빡한데, 특수 물건을 잘 활용하면 세금의 사각지대에서 투자할 수 있다는 장점이 존재합니다. 관리처분인가 전에 토지나 무허가 건물을 통해 취득세를 비교적 저렴하게 내고 진입해, 관리처분인가 후 2년 보유 시점에 양도세 중과 지역에서도 중과가 되지 않고 일반과세로 매도할 수 있습니다.

미래가 더 있다고 생각되면 중도금 등을 자납하면서 장기 투자를 할 수도 있습니다.

미운 오리 새끼,
다가구주택

마지막으로 말씀드릴 상품은 다가구주택입니다.

재개발 투자를 처음 하시는 분들은 대부분 부동산에 가서 다세대주택을 찾습니다. 앞서 설명을 드렸듯 비교적 가볍고 접근하기 좋으니까요. 그래서 재개발이 좀 진행된다 싶은 구역에 가서 다세대주택를 사려다 보면, 경쟁이 치열한 경우가 많습니다.

그런데 상승기 초중반에 재개발 지역에 가서 다가구주택을 공략한다면, 경쟁자 없이 수월하게 투자할 수 있습니다. 동일한 시기에 다세대주택은 매도 우위이나, 다가구주택은 매수 우위인 경우가 발생할 수 있습니다.

재개발 다가구주택이 인기가 없는 건 몇 가지 편견 때문입니다. 그 편견에 대해 자세히 말씀드려보겠습니다.

1 | 다가구는 투자금이 많이 든다

재개발 지역에서 흔히 볼 수 있는 다가구주택은 40~60평 정도의 토지 위에 지하를 포함해 3층 정도 건물인 경우가 많습니다. 흔히 말하는 '빨간 벽돌집'으로, 적으면 2세대 많으면 7세대 정도까지 세를 줄 수 있습니다.

전세를 어떻게 적절히 활용하느냐에 따라 투자금이 줄어듭니다. LH 전세 제도를 적극적으로 활용해야 하고, 점유개정이라고 얘기하는 집주인이 매도 후 전세로 들어오는 경우를 활용하는 게 좋습니다.

특히 재개발의 경우 집주인이 이주 시까지 사는 조건으로 매도하는 경우가 종종 있습니다. 나머지 집도 모두 수리해서 전세를 맞추면 투자금을 많이 줄일 수 있습니다. 다가구주택의 경우 서울 전세나 경기도 전세가 큰 차이를 보이지 않기 때문에, 이 전략은 집값이 비싼 서울보다는 경기나 인천 쪽에 좀 더 적합할 것 같습니다.

| 다가구주택 실투자금 |

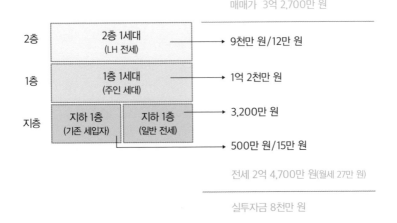

저는 대부분 전세를 최대한도로 맞추고 나니 투자금이 다세대주택보다 적게 들어가는 경우가 많았습니다. 실제로 제가 산 다가구주택의 실투자금은 8천만 원 정도였는데, 대부분의 사람이 다가구주택 투자에 투자금이 많이 든다는 편견 때문에 접근조차 하지 않았습니다.

2 | 다가구는 감정평가가 잘 나오지 않는다

재개발에 투자하는 사람들은 보통 다가구주택이 감정평가가 잘 나오지 않는다고 생각합니다. 그런데 무엇에 비해 잘 안 나온다는 것

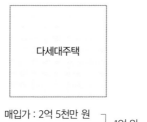

다세대주택

매입가 : 2억 5천만 원
감정평가 : 1억 5천만 원 ⎦ 1억 원

다가구주택

매입가 : 3억 2,800만 원
감정평가 : 3억 원 ⎦ 2,800만 원

인지, 그 기준을 생각하지는 않습니다.

감정평가가 잘 나온다, 나오지 않는다의 기준은 매물 유형의 상대적인 비교가 아니라 내가 산 가격이 되어야 합니다. 감정평가 예측을 잘해서 매입한 가격과 별로 차이가 없다면 감정평가가 잘 나온 것입니다. 그러니 주택 유형에 따라 다세대주택은 잘 나오고 다가구주택은 잘 나오지 않는 건 아닙니다. 이런 편견을 깨야 좋은 매물을 구할 수 있습니다.

3 | 다가구는 다세대보다 위험하다

다가구주택이 다세대주택보다 덩치도 크고 투자금도 많이 들어갈 것 같으니 재개발이 무산되었을 때 당연히 더 위험할 것 같지만, 실

│ 다가구와 다세대 │

상 재개발 해제 시 가장 큰 타격을 받는 건 다세대주택입니다.

땅을 가지고 있는 다가구주택, 특히 북도로 낀 다가구주택은 재개발 구역이 헤제되면 가장 먼저 팔립니다. 독자적으로 자구책을 생각해볼 수도 있습니다. 그러나 다세대주택은 혼자서 할 수 있는 게 없습니다.

재개발이 해제되면 다세대주택은 출구전략을 짜기 매우 어렵기 때문에 다가구주택보다 다세대주택이 오히려 훨씬 더 위험하다고 생각합니다.

| 관리가 어려운 다가구 |

4 | 다가구는 관리가 어렵다

다가구주택이 상대적으로 관리하기 어렵다고 하는데, 맞는 말입니다. 편견이라고 할 순 없죠. 하수도도 막히고 결로도 생기고 옥상 누수도 발생하는 등 별의별 일이 다 생기는데, 앞서 말씀드린 세 가지 장점이 있으니 이 정도는 감수해야 하지 않을까 생각합니다.

지금까지 다가구주택 재개발에 대한 편견을 말씀드렸습니다. 이런 편견만 깬다면, 다가구주택이 재개발 투자 상품으로써 충분히 매력이 있다고 생각합니다. 무엇보다도 매력적인 건 경쟁자가 별로 없다는 것입니다.

그럼 지금부터 다가구주택 재개발 투자 공략 방법에 대해 자세히 말씀드려보겠습니다.

1+1 입주권을 노려라

재개발은 구역 내 집이 몇 채가 있든 상관없이 입주권을 하나만 주도록 되어 있습니다. 그렇지만 땅이 크거나 큰 건물을 가지고 있던 지주들이 반발하면 사업이 잘 진행되지 않으니, 특정 조건을 만족하는 경우 1+1 입주권을 주는 제도가 있습니다.

특정 조건은 두 가지가 있는데, 첫째로 감정평가의 총액이 분양할 아파트 두 채의 조합원분양가를 넘는 경우입니다. 하지만 이런 경우는 거의 없거니와 매물을 찾더라도 투자금이 많이 들어가기 때문에 상당히 비효율적입니다.

두 번째 조건은 주거 전용면적의 크기가 분양하는 면적의 크기를 넘는 경우입니다. 예를 들어 다음 쪽 예시의 주거 전용면적을 보면 $155m^2$으로 $84m^2+59m^2$의 두 개를 합한 것보다 큽니다. 그럴 때 입주권 두 개를 준다는 것입니다. 땅이 아무리 크든 또는 아무리 작든 상관없이 주거 전용면적 크기만 따집니다. 물론 조합 정관에 따라 줄 수도 있고 주지 않을 수도 있기 때문에 조합원 최종 확인은 필수적으로 해야 합니다.

주거 전용면적 확인

일반건축물

건물명		주용도명	주택
높이	m	구조명	연와조
호수	0	건축면적	76.82㎡
가구수	6	연면적	㎡
세대수	0	건폐율	0.00%
기타용도		용적율	0.00%
사용승인일자	1978-08-21		

층	구분	구조	면적(㎡)	기타용도
지1	지하	연와조	15.83	주택
1층	지상	연와조	75.83	주택
2층	지상	연와조	63.5	주택

155.16

자료: LH 씨리얼

1+1 가능 여부 판단

입주권 1(㎡)	입주권 2(㎡)	필요면적 3(㎡)
49	49	100
49	59	110
49	74	125
49	84	135
59	59	120
59	74	135
59	84	145

조합원 최종 확인

1+1 입주권을 줄 계획인가요?
네. 도정법에 따라 권리를 부여할 계획입니다.

1+1 입주권의 장점은, 입주권 두 개가 주어지기 때문에 입주까지 간다면 그 어떤 재개발 상품보다 수익률이 크다는 것입니다. 하지만 규모가 있다 보니, 중간에 팔면 입주권이 두 개이니 두 배의 프리미엄이 아니라 1.5배가 약간 안 되는 수준으로 거래됩니다. 그래서 웬만하면 입주까지 가져가는 게 좋습니다.

　84m²와 59m² 두 개를 받았다고 해서 이전 고시가 될 때까지 찢어 팔 수 없고, 입주권 두 개 중 작은 59m²는 이전 고시 후 3년 동안 전매가 제한됩니다. 그리고 관리처분이 나면서 입주권이 되는 순간 집 두 채로 간주되어 이주비와 중도금에서 불이익을 받을 수 있습니다.

　하지만, 이런 단점에서 불구하고 수익이 크기 때문에 매력적인 투자 상품이라고 할 수 있겠습니다.

토지 34~40평, 건평 45평 이상을 공략하라

다가구주택의 거래 관행은 건물이 아무리 크다 해도 토지 기준 평당 가격으로 거래되는 것입니다. 옆집이 평당 천만 원 받았으니 나도 천만 원을 받고 싶다는 게 보통의 가격 선정 사유입니다. 그렇기에 매수하는 입장에서 땅이 작고 건평이 큰 경우가 향후 감정평가까지 생각하면 유리합니다. 건평이 거래 가격에 어느 정도 녹아 있지만 생각만큼 많이 반영되진 않습니다. 땅이 작고 건평이 큰 게 유리한 이유입니다.

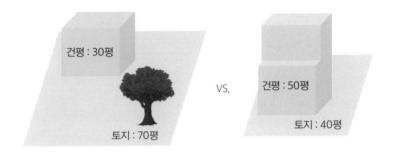

토지 70평, 건평 30평 vs. 토지 40평, 건평 50평

건평 : 30평

VS.

건평 : 50평

토지 : 70평

토지 : 40평

1+1 입주권을 받기 위해서는 주거 전용건평이 45평 이상은 되어야 하는데, 건평 45평이 나오기 위한 땅 크기는 일반적인 다가구주택의 경우 건폐율 60%, 용적률 150%로 역산하면 최소 34평 이상입니다.

감정평가를 잘 예측하면 좋겠지만 그렇지 못하면, 예를 들어 평당 600만 원을 예상했는데 500만 원이 나왔다면 토지가 40평인 경우 4천만 원의 편차가 나오는 반면, 70평이면 자그마치 7천만 원의 편차가 나오게 됩니다. 즉, 땅이 크면 클수록 변동성이 커져 불리합니다.

정리하자면, 34~40평 사이의 토지 1+1 입주권이 나올 만한 다가구주택을 노리는 게 효율적입니다.

LH 전세를 적극적으로 활용하라

LH 전세의 구조를 보면 공급에 비해 수요가 많습니다. 저소득층 복지 차원에서 LH가 전세금을 저리로 빌려주는 제도인데, 집주인 입장에서는 자산이 노출되는 것도 싫고 서명도 많이 해야 하고 절차가 복잡해 별로 좋아하지 않습니다. 그래서 대체로 수요가 공급보다 많은 편이기 때문에 전세금을 여타 일반전세보다 조금 더 높게 받을 수 있습니다.

하여, LH 전세를 적극적으로 활용하면 투자금을 줄일 수 있습니다. 특히 재개발 지역의 경우 일반전세 임차인을 구하기 힘든데, LH 전세는 임차인 구하기가 상대적으로 쉬운 편입니다.

LH 전세 임차인을 빠르게 구하는 방법을 들여다보겠습니다. 네이버 카페에서 'LH 전세' 키워드로 검색하면 인기 카페가 나오는데, 그중 세 개 정도에 가입해 선세 놓고자 하는 집의 사진을 이쁘게 찍어 올리고 연락을 기다리면 생각보다 연락을 많이 받습니다. LH 전세를 활용하면 레버리지를 최대로 활용해 투자금을 많이 줄일 수 있습니다.

셀프 수리로 투자금을 아껴라

보통 다가구주택이 30년 이상 된 경우가 많기 때문에, 여기저기 고장이 많습니다. 고질적인 누수부터 하수도 막힘, 결로, 보일러 고장, 변기 고장 등이 비일비재하기 때문에, 수리 능력을 갖춰 놓는 게 투자금을 줄이는 데 많은 도움이 됩니다.

셀프 수리 방법을 들여다보겠습니다. 블로그 등에서 정보를 얻어 공사 계획을 수립하고, 유튜브로 공사 방법을 충분히 숙지합니다. 오픈마켓이나 총판에서 재료를 주문하고, 행정복지센터에 가서 필요한 공구를 대여합니다. 어떻게 해야 할지 이미지 트레이닝을 충분히 한 후 작업에 돌입합니다. 셀프로 수리하면 투자금을 절약할 수 있습니다.

지금까지, 재개발 투자의 찬밥으로 취급받지만 최종에는 백조가 되는 다가구주택의 장점 및 공략 방법에 대해 알아봤습니다.

저는 비가 오면 동물원에 갑니다. 맑은 날 아이들을 데리고 동물원에 가본 분들은 아시겠지만, 사람만 많고 동물은 자고 있어서 정작 동물을 보기 힘듭니다.

그러나 비가 내리는 날 동물원에 가면 당연히 사람은 거의 없습니다만, 신기하게도 동물들이 다 깨어 있습니다.

대중과 반대로 간다면, 경쟁이 없고 좀 더 편할 것입니다.

제가 다가구주택 재개발 투자 얘기를 자세히 한 이유도 이와 비슷합니다. 지금 이 시점에 당장 다가구주택에 투자하라는 게 아니라, 재개발 상품이 다양하게 있으니 사람들이 잘 찾지 않는 틈을 찾아 전략적으로 활용하면 충분히 수익을 낼 수 있다고 말씀드리고자 한 것입니다.

3장

인생은 타이밍,
재개발 투자도 타이밍

최고점과 최저점을
알 수만 있다면

입지와 타이밍 중에 무엇이 더 중요할까요? 투자 결정에서 둘 다 중요한 요소지만, 굳이 우위를 말하자면 타이밍이라고 할 수 있습니다. 아무리 좋은 입지의 좋은 상품이라도, 잘못된 타이밍에 투자하면 오랫동안 자금이 묶이거나 고통에 시달릴 수 있습니다.

이번 장에서는 일반적인 부동산 사이클 이론으로 재개발 투자 타이밍에 대해 상세하게 알아보고, 세 번의 투자 기회를 설명해보 도록 하겠습니다.

장기적으로
물가상승률만큼 상승

2.5%

자료: 한국부동산원

위의 그래프는 주택 매매가격지수 변동입니다. 주택 가격을 지수화한 것으로, 과거부터 현재까지 우상향하고 있습니다.

상승률을 계산해보면, 거의 물가상승률 평균만큼 꾸준히 올랐습니다. 물론 평균보다 많이 올랐던 적도 있고 평균보다 떨어진 적도 있습니다.

그럼에도 중간에 사이클을 타면서 꾸준히 우상향하고 있는 걸 알 수 있습니다.

① 최고의 입지, 최고의 상품을 이 시점에 매입한다면?

2008.09

2017.10

2021.11

집값 볼 때마다 괴로움

집값 볼 때마다 괴로움

2013.09

② 원금 회복하자마자 떨어질 것이 무서워 판다면?

자료: 한국부동산원

집값은 장기적으로 우상향하지만, 최고의 입지에 있는 최고의 상품이라도 ①번 2008년에 매입한다면 이후 5년 동안 엄청 괴로웠을 겁니다. 계속 떨어졌을 테니까요. 그러던 2013년 드디어 바닥을 찍고 반등을 시도합니다. 몇 년 동안 너무 괴롭게 살았는데, 10년만인 2017년에 드디어 원금을 회복합니다.

이때 사람들은 두려움을 느낍니다. 다시 떨어지면 그 고통을 또 다시 겪어야 하니 말이죠. 원금을 회복했으니 팔아버릴까 고민하다가 결국 ②번 시점에서 매도하는 분들이 있습니다. 그러면 다시 5년 동안 상승을 바라보며 괴로워합니다.

2021.05

2008.09

2013.09

③ 결국은 상승했으니 잘한 투자인가?

자료: 한국부동산원

　최고의 입지에 있는 최고의 상품을 아무 때나 매입하면 성공한 투자일까요? 결코 아닌 것 같습니다.

　만약 ③번처럼 단기 최고점에 매입했다가 인고의 세월을 버텨 현재 최고점에서 매도했다면 성공한 투자일까요?

　사람들은 종종 시간 개념을 잊어버리곤 하는데, 투자한 기간을 보면 수익이 꽤 크긴 했으나 결코 투자를 잘했다고 하기에는 애매한 면이 있습니다.

　세 매매가격지수 그래프들을 보면서 말씀드리고 싶은 바는, 최고점과 최저점을 정확히 알 수는 없으나 어느 정도의 사이클 흐름은 있으니 그 흐름을 알고 투자하는 게 중요하다는 것입니다.

지금 이 순간 바로 여기,
투자할 시간

여러 전문가와 고수 들의 글로 부동산 공부를 하면서 나름대로 부동산 사이클을 정리해봤습니다.

그 정리를 토대로 말씀드려보겠습니다.

바로 직전에 엄청난 공급이 집중되었다고 가정해보겠습니다.

공급이 엄청나게 집중되면, 공급을 이길 수 있는 방법은 없습니다. 매수심리가 얼어붙게 되어 있고, 아파트 매수로 더 이상 수익이 나지 않겠다고 판단되면 미분양이 증가합니다. 미분양이 증가

| 부동산 사이클 1 |

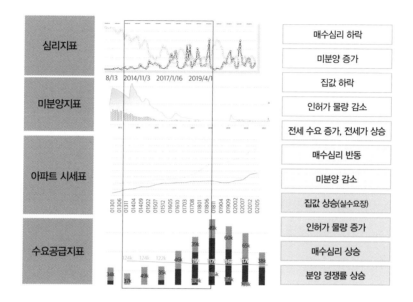

하면, 집값이 조금씩 하락합니다. 집값이 하락하면, 당연히 건설사들은 신규 공급 물량을 줄이기 시작합니다.

집을 매수하는 게 이익이 안 될 거라는 심리가 형성되기 때문에 매매 수요보다 전세 수요가 더 많아집니다. 전세 수요가 증가하면 전세가는 당연히 상승하고요. 그러다 보면 전세가율이 상승하는 현상이 일어나고, 심지어 전세가와 매매가가 붙어버리는 경우도 있습니다.

전세가 부족하니 전세난으로 고생하다가, 전세가와 매매가가 비슷한데 그냥 사버리는 게 좋겠다고 생각하는 사람들이 생겨납니다. 이 시점에서 매수심리가 약간의 반등을 합니다. 사람들이 집을 사기 시작하면서 집값이 조금 올랐다는 소문이 돌기 시작합니다.

실수요자들이 본격적으로 매입을 위해 집을 알아보기 시작하면, 헌 아파트와 새 아파트 중 당연히 새 아파트를 선호하고 곧 미분양이 줄어드는 현상이 발생합니다. 신축이 다 소진되면 다음으로 준신축으로 옮겨붙고 기축들이 서서히 상승합니다.

그러면 건설사들이 다시 시장에 적극적으로 참여해 인허가 물량이 조금씩 늘어납니다. 부동산 시장이 완연한 회복세를 띠며 매수심리도 상승하고 아울러 분양 경쟁률도 서서히 상승하면서 투자수요도 유입되는 것입니다.

유동성이 유입되니 집값이 다시 탄력을 받아 매도 우위 시장으로 변합니다. 아파트 가격이 상승하니 분양도 많이 하고 입주량도 늘어나죠. 입주 물량이 늘어나면 실사용가치인 전세가가 하락하고 공급이 지속적으로 쌓이면서 매수심리가 감소하고 미분양이 증가합니다. 집값이 하락하고 다시 사이클의 시작점으로 돌아가는 것입니다.

그런데 이번 장은 공급이 꾸준히 지속되어야 할 시기에 다소 부족했고 매수심리를 죽이기에 충분하지 않았습니다. 불을 끄기 위해서는 확실한 진화가 필요한데 불씨가 다시 살아나서 커진 꼴입니다.

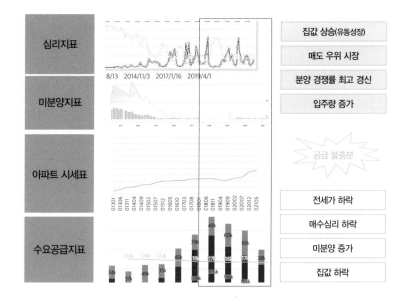

정책적인 이유도 있을 것이고 코로나19의 영향도 있을 것입니다. 복합적으로 작용한 것 같습니다.

앞으로 당분간 심리를 죽일 만한 변수는 크게 보이지 않는다는 게 전문가의 의견이고, 저도 동의합니다.

언제부터 하락할 것이냐, 저는 잘 알지 못합니다. 공급이 심리를 죽일 만큼 지속되면서 미분양이 쌓이면 다시 하락이 시작된다는 것 외에는요.

각종 지표로 부동산 사이클에 대해 설명드려봤습니다.

그럼, 이런 부동산 사이클 내에서 재개발 투자는 언제 해야 할까요? 언제가 최적의 타이밍일까요?

이 주제에 대해 제가 생각하는 기준을 말씀드려보겠습니다.

재개발 투자 최적의 타이밍

미분양 소진에서 분양 경쟁률 상승까지의 단계를 좀 더 확대해봤습니다. 실수요자들이 미분양된 새 아파트를 사기 시작해 미분양이 모두 소진되면, 지난 장 끝자락 즈음 분양한 준신축 아파트가 상승합니다. 그때부터 건설사들이 적극적으로 움직이기 시작하고 다시 정비사업에 자금을 지원합니다.

정비사업이 다시 움직일 때, 입지가 가장 떨어지는 재개발 사업장이 이해관계가 복잡하지 않은 경우가 많아 빨리 진행되고 가장 먼저 분양합니다. 지역 내에서 일반분양가가 너무 비싸다는 얘기가 많지만, 어렵지 않게 일반분양에 성공합니다.

그러면 그 옆의 구역들이 자극을 받아 활발하게 움직이기 시작합니다. 준신축의 상승으로 시장의 반등을 확인했고, 선두 정비사업의 일반분양이 성공하며 신축에 대한 수요가 입증되었기 때문입니다. 그다음부터는 시행사인 조합과 시공사 들이 자신감을 갖고

재개발 투자 타이밍

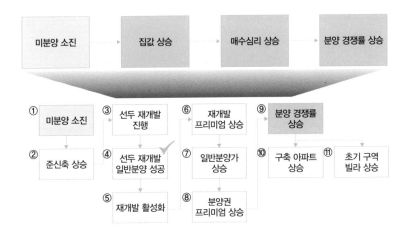

사업을 추진합니다.

따라서 '④번 선두 재개발 일반분양 성공' 시점이 재개발 투자 최적의 타이밍이라고 생각합니다. 사업이 활발하게 진행되니 재개발 프리미엄이 상승하고 일반분양이 지속적으로 반복됨에 따라 일반분양 프리미엄도 상승하기 때문입니다.

세 번의 기회가
있습니다

사람마다 투자 스타일이 다릅니다. 전국구로 여러 지역에 투자하는 분도 있고, 한 지역에서 여러 상품에 투자하는 분도 있습니다. 뭐가 맞다 또 뭐가 틀렸다 할 수 없으나, 잘 아는 지역에서 세 번의 기회만 제대로 활용하면 꽤 성공적인 투자라고 말할 수 있지 않을까 생각합니다. 그 세 번의 기회에 대해 말씀드려보겠습니다.

첫 번째 기회는 앞서 말씀드렸듯이 선두 재개발의 분양이 성공하는 시점입니다. 하락기에서 다시 상승기로 방향을 전환하면 이

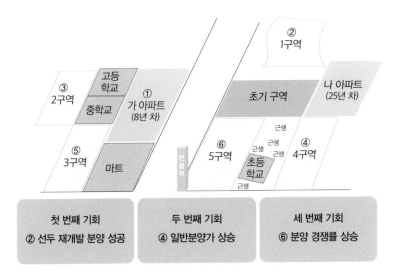

| 첫 번째 기회 | 두 번째 기회 | 세 번째 기회 |
| ② 선두 재개발 분양 성공 | ④ 일반분양가 상승 | ⑥ 분양 경쟁률 상승 |

지역 준신축 아파트인 ①번 가 아파트가 상승하기 시작합니다. 상승으로의 전환을 인지한 건설사들이 정비사업에 자금을 지원하고, 대체로 입지가 좋지 않은 ②번 1구역이 먼저 진행되어 일반분양을 시작합니다.

선두 재개발의 일반분양 성공, 바로 그 시점이 첫 번째 기회입니다. 그때가 ③~⑥번 구역 재개발 투자의 최적기입니다. 준신축의 가격 상승으로 하락기에서 상승기로의 전환을 확인했고 나아가 선두 재개발 일반분양의 성공으로 신축에 대한 수요를 확인했기 때문에, 안정적인 투자를 할 수 있습니다.

두 번째 기회는 일반분양이 지속되고 분양가가 올라가는 시점입니다. 분양이 계속 성공하면, 첫 번째로 분양한 단지의 분양권 매입을 검토해야 합니다.

아마도 첫 번째로 분양한 곳은 분양가가 너무 비쌌다는 인식이 있고 입지가 가장 떨어지기 때문에 현지인들이 별로 선호하지 않을 가능성이 큽니다. 그 때문에 프리미엄도 거의 없을 가능성이 크죠. 그런데 분양이 계속되면 첫 번째 분양 지역도 저렴한 분양가로 남아 있을 수 없습니다. 프리미엄이 따라서 올라갈 수밖에 없습니다. 즉, 두 번째 기회는 재개발로 공급된 분양권 투자에 있습니다.

마지막 세 번째 기회는 일반분양이 계속되면서 분양 경쟁률이 상승하는 시점입니다. 분양을 계속하다 보면 가장 인기 있는 ⑥번 구역 분양이 시작됩니다. 이 지역에 사는 거의 모든 이가 관심을 갖고 있기에 분양 경쟁률이 어마어마합니다. 모두 새 아파트에 살고 싶어 하는 욕망으로 청약을 넣어보시만, 당연히 당첨되기가 쉽지 않습니다.

청약에 실패해 실망한 사람들은 입지가 좋지 않다고 거들떠보지도 않던 ②번 구역 분양권을 알아보러 갑니다. 그런데, 그때는 이미 분양권이 비싸져 있습니다. 그래서 결국 가진 돈으로 그 분양권조차 사지 못하는 경우가 많습니다. 자금이 부족한 실수요자들을 절망에 이르게 하는 것입니다.

새 아파트에 살고 싶은데 혹은 투자를 하고 싶은데 아무것도 하지 못하고 있는 상태에서, 주위를 둘러보니 정비구역에서 해제되었던 구역이 다시 움직인다고 합니다.

이때 자금이 부족한 이들의 선택지는 둘 중 하나입니다. 빠르면 10년 후에 새 아파트에서 살 수 있다고 하는 초기 구역 재개발에 투자하느냐? 25년 넘은 구축 아파트라도 매입하느냐?

이 시점에서는 둘 중 어느 곳을 투자하나 수익을 올리는 건 매한가지겠지만, 이왕이면 해제 구역에 투자하는 게 환금성이 좀 더 좋다고 생각합니다.

이토록 적절한
매수·매도 타이밍

부동산 사이클에 맞춰 준신축이 상승하고 이어 선두 재개발이 일반분양에 성공하는 걸 확인한 후 재개발 투자에 진입하는 게 좋습니다.

그럼 재개발의 여러 단계 중 어떤 진행 단계의 재개발에 진입해야 할까요?

재개발은 굉장히 오래 걸리는 사업이거니와 단계별 진행 절차가 존재합니다. 종종 어떤 분들을 보면 진행 절차 자체를 시험공부하듯 외우는데, 그럴 필요는 없다고 생각합니다. 필요할 때마다 인터넷 검색으로 보다 보면, 구역지정, 조합설립, 사업시행인가, 관리처분인가, 이주, 착공, 입주 등의 과정은 자연스럽게 외워지게 되어 있습니다.

다만, 어떤 시점에 어떤 투자 포인트가 있는지 이해를 해두는 게 중요합니다. 재개발은 보통 관리처분인가 이후 진입하는 게 안정적이라고 하나, 다양한 투자 포인트가 있습니다.

각 단계별 투자 포인트를 알아보는 시간을 가져보겠습니다.

| 조합설립인가 / 건축심의 통과 직전 |

매수 타이밍	상태	투자 포인트
1. 조합설립인가 직전	· 조합설립 기준인 75% 동의율 충족에 몇 % 남지 않은 상황	· 추진위에 방문해 응대 상태 확인. 동네 분위기 탐문을 통해 75% 달성 가능성 여부 판단
2. 건축심의 통과 직전	· 조합이 설립되면 사업시행인가를 위해 교통영향평가, 교육환경영향평가, 건축심의 등 사전 절차 진행 · 이 중 건축심의를 통과하면 사업시행인가까지 9부 능선을 넘었다고 볼 수 있음	· 건축심의는 한 번에 통과하는 경우가 거의 없음. 보완 사항을 지켜 보면서 통과할 가능성이 높다고 판단되면 진입

1 | 조합설립인가 직전

구역이 지정되고 추진위 상태에서 75%의 동의를 얻으면 조합이 설립됩니다. 조합설립을 위한 75%의 동의를 얻는 게 생각보다 어렵습니다. 초기 구역 투자를 많이 하시는 분들은 조합이 설립될 만한 곳인지 아닌지 분위기를 통해 구분할 수 있다고 합니다. 추진위를 방문해 응대 상태를 확인하고, 나가서 동네를 탐문하다 보면 자연스레 알 수 있다는 것이죠. 조합이 설립될 만한 곳이라고 판단되면, 조합이 설립되기 직전에 진입해볼 수 있을 것입니다.

2 | 건축심의 통과 직전

건축심의 통과 직전을 노려볼 수 있습니다. 조합설립 이후의 단계는 사업시행인가인데, 사실 건축심의가 통과되면 특별한 일이 일어나지 않는 한 사업시행인가까지 9부 능선을 넘었다고 볼 수 있습니다.

따라서 건축심의 통과 여부를 판단해 선진입해볼 수 있습니다. 건축심의를 한 번에 통과하는 경우는 거의 없습니다. 조합이 건축심의를 받으면 도계위에 상정되고 도계위에서 의견이 나옵니다.

경미한 보완이라고 판단되면 건축심의가 통과될 것으로 예상하

| 건축심의 통과 여부 |

건축위원회 심의결조서

심의일자	2019.9.10.(화)
사업명/신청위치	불광5주택재개발 정비사업 / 은평구 불광동 238번지일대
의결번호	2019-14-1	심의결과	보류의결

〈심의 대상〉건축 심의

■ 아래 사항을 반영하여 분위원회에 상정하시기 바랍니다.
■ 참고로 본 건축위원회 심의는「건축법」제4조에 의한 건축 관련 기술적인 사항에 대한 심의로서 건축법 등 관련 법령에 적합하여야 할을 알려드립니다.

〈건축 분야〉
□ 건축계획

○ 공원(불광근린공원, 어린이공원)에 인접한 주동의 배치계획은 기 도시계획위원회 심의(2017.11.1.)시 기본된 통경축 의견과 관련, 상정된 예시도와 비교하여 통경축 확보 반영사항 검토 및 설명 바람.
○ 115동을 배치로 조정할 경우 남·북 통경축과 확보사고 가능한지 검토 바람.
○ 주출입구의 많은 차량통행로 보행자의 안전사고 우려가 있으니 아래 사항을 반영바라며 계획 바람.
  - 불광역, 공공청사, 초등학교를 통행하는 보행자수의 안전을 고려하여 보도블 설치하시는 보·차 동선을 분리하여 계획 바람.
  - 작은 도서관의 위치 또는 출입구 위치를 조정 검토 바람.
  - 학원 및 어린이집 동구를 위한 적극적인 드롭 온 계획 검토 바람.
○ 불광역 8번 출구와 인접한 "공원2"을 단지 내 보행동선과 연결할 수 있는 방안 제시 바람.
○ 공공보행통로 좌우측 근린생활시설과 전면공지는 보행공간으로 중요한 역할을 하여야 할 것으로 저층부의 적극적인 공간배치 및 입면계획 검토 바람.
○ 임대주택의 위치 및 입면계획, 소셜믹스(Social mix) 계획 재검토 바람.
  - 계속 -

2019.9.10.
서울특별시 건축위원회

건축위원회 심의결조서

심의일자	2019.12.24.(화)
사업명/신청위치	불광5주택재개발정비사업 / 은평구 불광동 238번지 일대
의결번호	2019-21-1	심의결과	원안의결

〈심의 내용〉건축 심의

■ 제출된 안에 대하여 원안으로 의결되었습니다.
■ 참고로 본 건축위원회 심의는「건축법」제4조에 의한 건축 관련 기술적인 사항에 대한 심의로서 건축법 등 관련 법령에 적합하여야 할을 알려드립니다.

〈공통사항〉
1. 친환경 및 에너지 절약계획 관련 사용승인시 승인권자에게 아래 사항 확인 여부를 확인 받으시기 바람.
  가. 환경성능
   - 주거 : 녹색건축인증 우수(그린1)등급, 건축물에너지 효율등급 1+등급 적용
   - 비주거 : 녹색건축인증 우수(그린1)등급, 건축물에너지 효율등급 1+등급 적용
  나. 신재생에너지설비 공급율
   - 주거 6.37%적용(예상량 961.4kW, 연료전지 58kW)
   - 비주거 11.08%적용(태양광 46kW)
2. 옥상에 설치되는 냉각탑, 급·배기구, 안테나 등 건축설비는 고층조망(SKY VIEW)을 고려하여 입면 및 상부에서 보이지 않도록 그림 등을 설치하여 디자인 바람하시기 바람.
3.「서울특별시 녹색건축물 설계기준」2.적용기준 나.환경관리부문 기준을 참고하여 건축물 내 미세먼지(초미세먼지 포함) 저감을 위한 계획 수립 바람.
4. 수돗물 재처리시설(중앙정수처리장치) 설치·가동은 배정하고 안전한 서울의 수돗물 아리수의 수질 저하는 물론 경제적인 손실과 에너지 과다사용, CO₂ 발생으로 저단소 녹색성장에 역행하는 "불필요한 시설"이므로 설치제한을 권장함.
5. 다음 대상의 건축물의 경우는 빗물관리시설을 설치 권고(서울특별시 물순환 회복 및 저영향개발 기본조례 제12조).
  1) 대지면적 1,000㎡이상이거나 건축 연면적 1,500㎡이상의 건축물.
  2) 물순환 빗물관리시설의 세부계획은 '주택정비사업 빗물관리 가이드라인'을 참고하여 작성 바람.
6.「서울특별시 유니버설디자인 도시조성 기본 조례」제7조에 따라 건축물은 유니버설디자인으로 설계·시공하기 바람. 끝.

2019.12.24.
서울특별시 건축위원회

고 진입해볼 수 있습니다.

예로 든 서울시 건축위원회 심의의결조서를 보면, 불광5구역이 2019년도 9월에 심의를 받고 보완 의견이 떨어졌습니다. 3개월 후 보완 의견에 따라 보완 후 건축심의 의결을 받고 통과되었습니다. 9월의 심의의결조서 보완 의견을 보고 미리 진입해볼 수 있을 것입니다.

매수 타이밍	상태	투자 포인트
3. 감정평가 발표 직전	• 사업시행인가를 취득하면, 조합원의 종전자산을 평가하고 결과를 통보	• 사업시행인가를 취득한 경우 사업의 안정성 여부를 어느 정도 판단해볼 수 있음 • 감정평가가 발표되면 운신의 폭이 거의 없으나, 감정평가 발표 전에 결과를 예측할 수 있다면 수익을 확보할 수 있음 • 최적의 매수 타이밍
4. 감정평가 발표 직후	• 조합에서 감정평가액을 통지하면, 주민들이 실제로 진행되는 것을 체감하고 재개발을 원하지 않는 조합원들은 매도하기도 함	• 실망 매물은 없다고 생각 • 시세를 잘 모르는 눈먼 매물이 있을 뿐

3 | 감정평가 발표 직전

다음 진입 타이밍은 사업시행인가 직후와 감정평가 발표 직전입니다. 이 시기를 다른 색으로 칠한 건 진입하기 가장 좋은 시기이기 때문입니다.

사업시행인가를 득했기 때문에 비교적 안정적이거니와 감정평가를 예측할 수만 있으면 상당한 수익도 확보할 수 있습니다. 제가 생각하는 최적의 매수 타이밍입니다.

재개발의 가장 큰 리스크는 구역이 해제되는 것입니다. 각 시, 도에 따라 기준이 다르지만, 일반적으로 토지 등 소유자의 30% 이상이 반대하면 주민 투표를 할 수 있고 50%가 해제를 요청하면 구역이 해제됩니다.

사업시행인가가 승인되면 구청에 고시가 공고됩니다. 고시공고 파일을 다운로드받아 열어보면, 우리가 흔히 알고 있는 고시 내용 요약이 나오고 조합원들의 권리명세서가 첨부되어 있습니다. 권리명세서에는 소유자의 현재 거주지가 나오는데, 이를 기준으로 구역 내 거주자와 구역 외 거주자를 구분해볼 수 있습니다.

구역 외 거주자는 소유만 하고 구역 외에 사는 사람들이라는 뜻으로, 투자자일 가능성이 높습니다. 이런 투자자는 재개발 추진에 반대할 확률이 거의 없다고 판단할 수 있습니다.

구역 외 거주자의 비율이 60%에 육박한다면 시간이 좀 걸리고 느릴지 몰라도, 구역이 해제될 가능성은 그리 크지 않을 것입니다. 따라서 사업시행인가가 나면, 권리명세서를 통해 사업의 안정성을 판단해볼 수 있습니다.

4 | 감정평가 발표 직후

그다음의 진입 타이밍은 감정평가 발표 직후입니다. 감정평가 결과를 통지하면, 원주민들 중 일부는 사업이 진짜 진행되는구나 하고 체감할 것입니다. 그분들 중 재개발에 반대하는 이는 이 시기에

사업시행인가 고시공고

사업시행인가 고시 ▶

공시공고구분	고시
고시공고번호	안양시 고시 제2016-78호
등록일	2016-06-21
제목	호계3동 구사거리지구 주택재개발정비사업 사업시행인가 고시
담당부서	도시정비과
내용	안양시 고시 제2012-97호(2012.9.6)로 정비계획 변경 고시된 안양시 동안구 엘에스로 45번길 24(호계동 66 1-1번지) 일원 호계3동 구사거리지구 주택재개발정비사업에 대하여「도시 및 주거환경정비법」제28조 제1항에 따라 인가하고, 같은법 시행규칙 제9조 제3항에 따라 이를 고시합니다.
파일	수용 또는 사용할 토지 또는 건축물의 명세 및 소유권 외의 명세.pdf ↓ Q 미리보기 사업시행인가 고시문.hwp ↓ Q 미리보기

안양시 고시 제2016 - 78호

호계3동 구사거리지구 주택재개발정비사업 사업시행인가 고시

안양시 고시 제2012-97호(2012.9.6)로 정비계획 변경 고시된 안양시 동안구 엘에스로 45번길 24(호계동 661-1번지) 일원 호계3동 구사거리지구 주택재개발정비사업에 대하여「도시 및 주거환경정비법」제28조 제1항에 따라 인가하고, 같은법 시행규칙 제9조 제3항에 따라 이를 고시합니다.

2016. 6. 21.

안 양 시 장

1. 정비사업의 종류 및 명칭 : 호계3동 구사거리지구 주택재개발정비사업

2. 정비구역의 위치 및 면적 : 경기도 안양시 동안구 엘에스로 45번길 24(호계동 661-1번지일원
(41,684.50㎡)

3. 사업 시행자의 성명 및 주소
  가) 호계3동 구사거리지구 주택재개발정비사업조합
   - 경기도 안양시 동안구 엘에스로 45번길 (대명골든타워 406호)
  나) 조합장 : 엄주환

4. 정비사업의 시행기간 : 사업시행인가일로부터 60개월

5. 사업시행인가일 : 2016. 6. 21.

6. 수용 또는 사용 토지 또는 건축물의 명세 및 소유권외의 권리의 명세 : 별첨

- 1 -

▼ 권리명세서가 첨부되어 있습니다

수용 또는 사용할 토지 또는 건출물의 명세 및 소유권외의 권리의 명세

소유자 주소

집을 처분하는 경우가 있습니다.

이때 사람들이 감정평가에 실망해 실망 매물이 나온다고 하는데, 저는 실망 매물 같은 건 없다고 생각합니다. 감정평가가 잘 나오지 않았다고 해서 과연 누가 실망하고 매물을 싸게 팔까요?

그보다 재개발이 본격적으로 진행되는 걸 인지한 원주민들의 시세를 잘 알지 못하는 눈먼 매물들이 이 시기에 많이 나옵니다. 그래서 동네의 오래된 부동산에 문의해 매물을 찾는 노력이 필요합니다. 종종 지역과 상관없는 타 지역의 부동산에 그 지역 매물이 나오기도 하는데, 이런 경우 시세를 잘 모르는 눈먼 매물일 가능성이 높습니다.

| 관리처분 총회 / 이주개시 전후 |

매수 타이밍	상태	투자 포인트
5. 관리처분 총회 전후	• 조합원분양 신청을 바탕으로, 조합원분양 물량 확정 • 시공사와 공사비 확정 • 수입, 비용 계획을 토대로 관리처분인가 신청	• 종전자산금액, 조합원분양가, 일반분양 예상가, 비용계획 등이 모두 오픈된 시점으로, 안정적인 투자를 원하는 경우 이 시점에 진입
6. 이주개시 전후	• 관리처분인가 나면, HUG 보증으로 사업비를 조달받고 이주개시	• 이주비가 충분하지 않거나 입주에 부담을 느낀 주민들이 매도하는 경우가 있음 • 이주비 대상이 되는 경우 투자금이 줄어들어 진입하기 수월해지는 경우도 있음

5 | 관리처분 총회 전후

그다음 진입 타이밍은 관리처분 총회 전후입니다. 관리처분 총회 후 조합원분양 신청을 바탕으로 신청 평형이 확정되고 조합원분양 수입, 일반분양 수입 및 공사비에 따른 비용 계획 등 대부분의 숫자가 확정됩니다.

따라서 리스크를 싫어하고 안정적인 투자를 원하는 분들은 이때 진입하는 걸 추천합니다. 관리처분 직전에 전매가 제한되는 구역(2018년 1월 24일 이후 사업시행인가 신청 구역)은 급매가 일부 출회할 수도 있고, 관리처분 후에 일반과세로 매도하고자 하는 매물이 나올 수도 있습니다.

6 | 이주개시 전후

이주개시 전후가 매수 타이밍이 될 수 있습니다. 이주가 개시되면 이주비 대출 대상이 되는 경우 이주비가 지급되고 이주를 시작하는데, 이때 원주민 중에 이주비가 충분하지 못한 경우나 추후 분담금에 부담을 느낀 사람들은 매도하곤 합니다. 그런 매물을 노려도 좋고, 감정평가액이 큰 매물의 경우 이주비 대상이 된다면 이주비를 받으면서 투자금이 줄어들 수도 있습니다.

매수 타이밍	상태	투자 포인트
7. 일반분양 직후	· 모두 이주 후 철거하고 일반분양	· 일반분양 청약에서 탈락한 실거주 입장에서 자금 여력이 있다면 입주권이 대안이 될 수 있음
8. 입주 직전	· 일반분양 후 착공하고, 보통 3년 정도의 공사 기간을 거쳐 입주	· 분양권 전매가 허용된 지역은 분양권 선호도가 높기 때문에, 입주권 시세가 상대적으로 약세 · 입주하기 직전에도 시세 차이가 크다면 입주권 매수 타이밍일 수 있음

7 | 일반분양 직후

다음은 일반분양 직후인데, 요즘처럼 분양권 전매제한이 있는 경우나 청약 가능성이 없는 경우 자금 여력이 있다면 입주권이 대안으로 작용할 수 있습니다.

8 | 입주 직전

마지막으로 입주 직전인데, 제가 투자 기회로 주로 이용하는 포인트입니다. 분양권 전매제한이 없는 단지의 경우 분양권과 입주권이 동시에 경쟁하면, 입주권 시세가 항상 약세를 보입니다. 그런데 입주하기 직전인 2~3개월 전에도 차이가 많이 난다면, 입주권 투자 타이밍이 될 수 있습니다. 이런 경우가 의외로 자주 발생하는데, 이 부분에 대해서는 따로 상세히 설명하겠습니다.

적절한 매도 타이밍이 따로 있다

매도 타이밍에 대해 말씀드리겠습니다.

다음 쪽의 그래프는 무엇일까요? 네이버 데이터랩을 활용한 재개발 각 구역의 검색량 그래프입니다. 검색량이 튀는 구간들이 있습니다. 사업시행인가, 조합설립인가, 조합원분양 신청, 일반분양, 관리처분인가, 이주개시 등 주요 이벤트가 일어나는 시점입니다.

검색량이 튄다는 건 곧 사람들의 관심도가 굉장히 높다는 걸 뜻합니다. 매도를 하려면 이런 시점이 좋다고 생각합니다. 각자의 세금 계획이나 처한 상황에 따라 매도 타이밍이 판이하게 다를 것이기 때문에 단정 짓기 어렵지만, 매도를 해야 한다면 사람들의 관심도가 집중되는 시점이 유리하지 않을까 생각합니다.

재개발 투자 중 매수·매도 타이밍에 대해 말씀드렸습니다.

정리하자면, 준신축이 상승하고 지역 내 첫 번째 재개발 일반분양이 성공한 시기에 사업시행인가 이후 구역을 대상으로 투자하되, 수익 크기를 늘리기 위해서는 감정평가 직전에 감정평가를 예

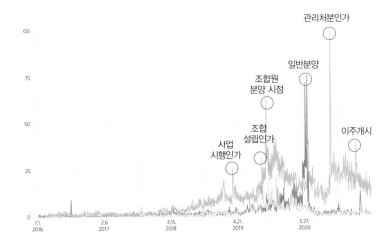

측해 진입하는 게 가장 효율적이라고 생각합니다.

물론 제 경험을 바탕으로 한 투자 기준이고, 각자 성향에 맞는 투자 기준을 잡으셔야 할 것입니다.

입주 직전
입주권 투자 전략

입주권과 분양권은 똑같이 새 아파트에 입주할 권리이지만, 다른 특성을 가지고 있습니다. 입주권은 조합원이 새 아파트에 입주할 수 있는 권리이고, 분양권은 일반분양을 받은 사람들의 권리입니다.

투자 관점에서 차이점을 보면, 초기 투자금은 입주권이 훨씬 많이 들어갑니다. 감정평가를 받은 종전자산에 프리미엄을 더해 사야 하기 때문입니다. 반면, 분양권은 계약금의 프리미엄만 있으면 되기 때문에 훨씬 가볍습니다. 입주권이 분양권을 이길 수 없습니다.

취득세 관점에서 보면, 입주권은 취득 당시 멸실되어 착공 중이

| 입주권 vs. 분양권 |

	입주권		분양권
초기 투자금	종전자산금액＋프리미엄	<	계약금(분양가 10%)＋프리미엄
취득세	(종전자산금액＋프리미엄) ×4.6% ＋입주 시 원시취득세	<	명의 변경 당시 취득세 없음 (입주 시 주택 취득세율)
추가분담금	사업성에 따라 발생 가능성 있음 (물론 반대의 경우도 있음)	<	상관없음 (상황에 대한 변동성 없음)
옵션 비용	무상인 경우 있음 (조합원 혜택)	>	옵션 비용 부담

므로 토지의 취득세를 내야 합니다. 또 입주 시에 분담금만큼 원시취득세도 내야 합니다. 반면, 분양권은 명의 이전 시점에는 취득세를 내지 않아도 되고 준공 시점 기준에 따라 취득세를 냅니다. 요즘은 취득세 중과 때문에 상황이 조금 달라졌지만, 입주권이 불리할 수밖에 없는 게 사실입니다.

또한, 입주권은 정비사업에 지분을 가지고 있는 것이니 상황에 따라 추가분담금도 발생할 수 있습니다. 물론 반대의 경우도 있지만 말입니다. 반면, 분양권은 복잡한 내용에 얽혀 있지 않습니다.

조합원 입주권의 경우 종종 조합원 혜택이 있습니다. 이를테면 발코니 무상 확장 또는 에어컨 무상 제공 등이죠.

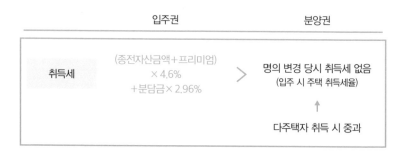

	입주권	분양권
취득세	(종전자산금액+프리미엄) ×4.6% +분담금×2.96%	명의 변경 당시 취득세 없음 (입주 시 주택 취득세율) ↑ 다주택자 취득 시 중과

　조합원 혜택 빼고는 모든 면에서 분양권이 우세하기 때문에, 입주권이 분양권과 경쟁하면 이길 방법이 없습니다.

　그래서 시세도 항상 분양권이 비쌉니다. 그런데, 다주택자 취득세 중과가 되면서 적어도 다주택자 투자자 관점에서 보면 상황이 달라졌습니다.

　다주택사나 법인이 분양권을 사면, 입주 후 등기 시 취득세 중과 대상이 됩니다. 차라리 입주권을 사고 4.6% 내면 취득세가 훨씬 저렴하죠.

　입주권은 초기 투자금이 많이 들어간다는 약점이 있는데, 입주 1~2개월 전이라면 곧 똑같은 아파트가 되기 때문에 자금을 일시적으로 융통할 수만 있으면 조건이 똑같아집니다.

　하여, 조금만 있으면 입주권과 분양권이 똑같아지는 경우 입주권이라는 이유만으로 시세 차이가 많이 나는 아파트가 있다면 투자 대상이 될 수 있습니다.

	입주권		분양권
초기 투자금	종전자산금액＋프리미엄 ＋(입주 정산금)	＝	계약금(분양가 10%) ＋프리미엄 ＋(입주 정산금)

즉, 일시적으로 입주권이 이기는 시점을 포착해 투자할 수 있습니다.

2020년 11월에 투자했던 케이스가 있습니다. 두 달 후면 입주를 앞둔 아파트의 전용면적 59m²가 4억 5천만 원이었습니다. 일반분양은 1천만~2천만 원 확장비를 부담해야 하는 반면, 조합원 분양이기 때문에 베란다 확장비가 무료였습니다. 그런데 옆에 10년 된 아파트 실거래가가 5억 3천만 원이었습니다. 물론 새로 입주하는 아파트는 입지가 10년 차 아파트보다 떨어지지만, 두 달 후면 입주하는 새 아파트가 10년 된 아파트보다 8천만 원이 저렴하다면 어떻게 해야 할까요? 물론 일시적으로 목돈이 필요하지만, 이것처럼 확실한 투자 기회도 드물다고 생각합니다.

* 부동산 투자에 있어 가장 중요한 기준 3대장이 있다. 입지, 상품, 그리고 타이밍이다.

* 앞으로 좋아질 입지를 찾는 게 중요한데, 일자리와 연결된 노선을 노려야 하고 대규모 신규 단지가 들어설 곳을 찾아야 한다. 또한, 비선호 시설 이전 예정 지역을 선호할 필요가 있고 플러스 알파로 자연환경 또는 인공환경 요소가 더해지면 좋다.

* 재개발 투자에는 다양한 상품이 있기 때문에 다양한 틈새 전략을 세워볼 수 있다.

* 미운 오리 새끼로 취급받지만 편견만 걷어내면 다가구주택이야말로 좋은 투자 대상이 될 수 있다. 다가구주택은 투자금이 많이 들고 감정평가가 잘 나오지 않으며 다세대주택보다 위험하고 관리가 어렵다는 편견이 있다.

* 편견으로 가득 찬 다가구주택은, 1+1 입주권을 노리고 토지 34~40평과 건평 45평 이상을 공략하며 LH 전세를 적극적으로 활용하고 셀프 수리로 투자금을 아껴 충분히 매력적인 대상으로 변모시킬 수 있다.

* 재개발 투자 최적의 타이밍은 '선두 재개발 일반분양 성공' 시점이다.

* 일반분양가가 상승하는 시점이 두 번째 투자 기회고, 일반분양이 계속되고 분양 경쟁률이 올라가는 시점이 세 번째 투자 기회다.

투자 결정을 위한 판단 기준은 단순해야 합니다. 재개발 투자의 판단 기준은 "돈이 되는가?" 하나여야 합니다. 다시 말해, 수익성이 기준이 되어야 하는 것입니다. 그럼 재개발에서 수익성이란 무엇일까요? 많은 사람이 비례율로 알고 있을 겁니다. 비례율은 재개발의 수익성이 아니라 재개발 사업 자체의 사업성을 나타내는 지표입니다. 사업성과 수익성은 다른 개념이나, 혼동해 사용하는 경우가 있습니다. 재개발의 사업성과 수익성에 대해 자세히 알아보겠습니다.

3부

돈 버는 재개발 투자
인사이트

1장

사업성
판단하는 법

비례율에
대하여

먼저 사업성을 나타내는 지표인 비례율에 대해 자세히 알아보겠습니다. 재개발 투자를 하다 보면 '비례율'이라는 말을 자주 듣습니다. 비례율은 정비사업의 사업성을 나타내는 지표로, 투자에 대한 판단 기준이 되는 중요한 개념입니다.

비례율 공식은 총수입(일반분양 수입+조합원분양 수입)에서 총비용을 뺀 값, 즉 사업을 통해 얻은 순이익을 종전자산(사업을 위해 조합원들이 출자한 현물자산)으로 나눈 값입니다. 자산을 출자·투자해 수익을 얼마나 올렸는지 성과를 나타내는 지표입니다.

| 비례율의 정의 |

$$비례율 = \frac{총수입 - 총비용}{종전자산}$$

| 비례율 변동 요인 |

(단위: 천 원)

	총수입	총비용	종전자산	비례율
	40,000	10,000	30,000	100.0%
① 총수입 변동	45,000	10,000	30,000	116.7%
	35,000	10,000	30,000	83.3%
② 총비용 변동	40,000	15,000	30,000	83.3%
	40,000	5,000	30,000	116.7%
③ 종전자산 변동	40,000	10,000	25,000	120.0%
	40,000	10,000	35,000	85.7%

그럼, 비례율을 이루는 요소들의 숫자가 크면 좋을까요? 아니면 작으면 좋을까요? 예를 들어 알아보겠습니다.

총수입이 4천만 원으로 예상되고 총비용은 1천만 원으로 예상되는 사업장의 각 조합원 자산의 합이 3천만 원이라면, 공식에 따라 비례율은 100%입니다. 사업을 할 수 있는 적정선이죠.

이런 사업장에서 부동산 경기가 상승해 일반분양가가 예상보다 증가하고 총수입 가격이 올라가면 어떻게 될까요? 일반분양 수입, 즉 총수입 가격이 4,500만 원으로 올라갔다고 가정하고 다른 값들은 그대로라면, 비례율은 116.7%로 상승합니다. 반대로 예상했던 일반분양가보다 낮은 분양가로 분양을 하게 된다면, 수입이 줄어들어 비례율이 100% 아래로 떨어질 겁니다. 따라서 총수입은 무조건 클수록 좋습니다.

총비용의 경우도 살펴보죠. 사업장에 땅을 파는 도중 큰 암반(공사비 증가 요인으로 많이 등장합니다)이 발견되어 공사비가 증가한다면 어떻게 될까요? 당연히 비용이 증가하면 순이익은 줄어들어 비례율은 떨어집니다. 그런가 하면, 비용이 중간에 줄어드는 경우는 거의 없지만 예를 들어 대규모 소송에 대비해 소송 대응 비용을 많이 잡아두었으나 잘 해결되어 사용할 필요가 없게 되면 비용이 크게 줄어들어 비례율이 다시 올라갈 수 있습니다. 따라서 총비용은 무조건 작을수록 좋습니다.

마지막으로 종전자산, 즉 조합원들이 각자 출자한 자산의 합은 클수록 좋을까요? 아니면 작을수록 좋을까요?

비례율을 구성하고 있는 요소 하나하나 자세히 알아보겠습니다.

1 | 종전자산

종전자산은 조합원들 자산에 대한 감정평가의 합입니다. 여기서 집중해야 하는 대상은 '조합원들'입니다. 즉, 조합원이 되길 거부한 현금청산자들의 자산은 종전자산이 아니라는 뜻입니다. 종전자산의 범위는 조합원들의 토지와 건물, 그리고 조합원들이 점유해 사용하고 있는 국공유지입니다. 그 외에 자산들은 모두 비용을 들여 매입해야 하는 대상입니다.

이런 지식을 배경으로 현금청산자가 많아지면 좋을까요, 나쁠까요? 이 사안에 대해서는 그때그때 다릅니다. 부동산 경기 상승기에 현금청산자가 많아지면, 매입을 해야 하는 비용이 늘어나겠지만

| 종전자산의 정의 |

비례율 = 조합원들 자산에 대한 감정평가의 합

(단위: 천 원)

총수입	비례율
조합원들의 토지, 건물	종전자산
조합원들이 사용하는 국공유지	
현금청산지 토지, 건물	
40,000	비용(매입)
40,000	
40,000	무상

자료: 『붇옹산의 재개발 투자 스터디』

종전자산	총비용	총수입	비례율	권리가액
30,000	10,000	40,000	100.0%	30,000
35,000	10,000	40,000	85.7%	30,000
25,000	10,000	40,000	120.0%	30,000

감정평가(종전자산)가 높으면 좋은 것일까?

종전자산이 줄어들고 조합원들이 줄어든 만큼 일반분양 수입이 증가해 유리할 수 있습니다. 반면, 부동산 경기 하락기에 현금청산자가 많아지면, 비용을 감당하지 못해 사업이 진행되지 않을 가능성이 높습니다.

다시 질문으로 돌아가서 종전자산이 높으면 좋을까요, 나쁠까요? 이 역시 좋다, 나쁘다를 단정 짓기 힘듭니다. 조합원의 감정평가가 높으면 조합원들 개개인은 만족하겠지만, 그만큼 종전자산이 커지기 때문에 수입-비용이 커져야 합니다.

종전자산이 커졌는데 총수입(분양 수입)과 비용이 그대로라고 가정하면, 비례율이 떨어져 사업 진행이 어려워집니다. 비용은 줄이기 힘들기 때문에 총수입을 늘려야 하는데, 일반분양가격을 원하는 만큼 높이면 좋겠지만 시장 상황이 여의치 않은 경우 조합원들의 분양가를 높일 수밖에 없습니다.

정리해 말하자면, 조합원들의 감정평가가 높아지면 조합원분양가에 영향을 줄 수도 있어 조삼모사(감정평가를 높게 받았는데 조합원분양가도 높아지는 상황)가 될 수 있습니다.

반면, 종전자산을 낮게 평가하면 사업을 운영하는 조합 입장에서 부담이 줄어들고 비례율이 올라가지만 감정평가금액이 기대보다 너무 작으면 조합원들의 반발이 생겨 사업 진행이 어려워질 수 있습니다.

종전자산, 즉 조합원들의 감정평가액은 시기와 상황에 따라 조합원들 간 자산을 적절하게 분배하는 게 중요합니다. 정비사업 감정평가는 목적이 다르기 때문에, 경매 등 다른 목적의 감정평가 결과와 차이가 날 수 있는 것입니다.

2 | 총수입

총수입은 사업으로 얻는 수입을 말합니다. 재개발 사업의 수입은 분양으로 발생합니다.

| 총수입의 정의 |

<table>
<tr><th colspan="2">구분</th><th>변동
가능성</th><th>특징</th></tr>
<tr><td rowspan="4">총수입
(분양
수입)</td><td>조합원분양</td><td>낮음</td><td>• 관리처분계획 수립 시 정해지면 거의 변동되지 않는 특징이 있음
• 사업성이 떨어지는 사업장의 경우 조합원분양가가 비교적 높을 수 있음</td></tr>
<tr><td>일반분양</td><td>높음</td><td>• 관리처분계획 수립 시 일반분양 시점의 상황을 예측하기 힘들기 때문에 보수적으로 계획을 수립하는 경향이 있음
• 비용이 추가로 소요될 것으로 예상되는 경우 일반분양가를 올려 비례율을 100%에 맞추기도 함</td></tr>
<tr><td>상가분양</td><td>높음</td><td>• 상가분양도 보수적으로 설정함
• 비중이 작음</td></tr>
<tr><td>임대분양</td><td>중간</td><td>• 보통 LH에 매각하는데, 최근에 민간 임대사업자에게 매각하면서 임대분양 수입이 증가하는 추세</td></tr>
</table>

대표적으로 조합원분양, 일반분양, 상가분양, 임대분양 수입이 있습니다.

조합원분양 수입은 조합원분양 신청 시 가안으로 고지되고 조합원들의 분양 분포를 기준으로 관리처분계획 수립 시 확정됩니다. 확정된 조합원분양가는 거의 변동되지 않는 특징이 있습니다.

일반분양 수입은 관리처분계획 시에는 일반분양 시점의 시장 상황을 예측할 수 없기 때문에 보수적으로 설정하는 경향이 있습니다. 따라서 관리처분계획 시 세운 일반분양가 그대로 일반분양하는 경우는 거의 없고 변동성이 상당히 큰 편입니다.

상가분양에 대해서도 상당히 보수적으로 분양가를 설정하는 편이며 미분양을 우려해 통매각을 하기도 합니다. 그러나 상업지 재개발을 제외하고 대부분의 조합에서 상가분양이 차지하는 비중은 매우 작은 편이기 때문에 영향은 미미합니다.

마지막으로 임대분양 수입이 있습니다. 재개발 사업은 공익사업이기 때문에 시도별 기준에 따라 의무 임대분양 비중이 설정되어 있습니다. 보통 매각가를 기준으로 LH에 임대분양 수입을 설정합니다. 시세와 동떨어져 있는 임대분양 매각 가격은 상당히 낮은 편이며 변동될 가능성도 크지 않았습니다. 그러나, 최근 들어 LH 등 공공기관에 매각하지 않고 민간 임대사업자에 통매각해 임대분양 수입이 증가하는 추세에 있습니다.

3 | 총비용

정비사업의 총비용은 공사비와 사업비로 구성되어 있습니다. 『한 권으로 끝내는 돈되는 재건축 재개발』에 따르면, 재건축의 경우 공 사비와 사업비의 비중이 7:3 정도의 일정한 비율로 구성되어 있다 고 합니다. 그러나, 재개발의 경우 보상비 등 사업비의 변수가 크 기 때문에 재건축처럼 일정한 비율을 산출하기 어렵다고 합니다.

경험상 사업비의 비중이 재건축보다 더 높기 마련이고 6:4 정도 로 적용하면 되지 않을까 생각합니다.

공사비는 아파트를 새로 지을 때 드는 비용입니다. 철거부터 토 목공사, 주택 및 각종 부대시설을 짓는 데 들어가는 모든 비용을 말 합니다. 공사비는 전체 연면적에 평당 공사비를 곱해 구합니다. 공 사비를 추정할 수 있으면 일정 비율을 적용해 총사업비를 추정해볼 수 있습니다.

다음으로 사업비가 있습니다. 사업비 중에 가장 큰 변수는 보상비인데, 조합원 자격이 안 되거나 조합원분양을 받지 않는 현금청산자들의 자산을 매입할 때 들어가는 비용입니다. 기존 주택에 임차해 살고 있는 세입자의 주거 이전비와 상가의 영업 보상비도 포함됩니다.

재개발 사업은 「공익사업을 위한 토지 등의 취득 및 보상에 관한 법률」을 근거로 강제 수용을 하게 되어 있고, 세입자 주거 이전비와 상가 영업 보상비를 지급하게 됩니다.

사업비에는 예비비도 포함되어 있는데, 중요하게 살펴봐야 할 항목입니다. 사업을 진행하면서 뜻하지 않은 추가비용이 발생할 때를 대비해 비축해놓은 예산입니다.

공사비 증액에 대한 예비비, 미분양 대책 예비비 등을 잡아 놓습니다. 보통은 총사업비의 1%를 예비비로 두는데, 예비비가 평균보다 높게 잡혀 있다면 추가비용이 발생해도 예비비에서 충당할 수 있다는 뜻으로 해석할 수 있습니다.

진행 단계별
사업성 추정하기

비례율을 구성하고 있는 각 요소에 대해 알아보았습니다. 이 내용을 기반으로 재개발 진행 단계별 사업성 추정 방법에 대해 말씀드려보겠습니다.

사업성 추정은 사업 수지를 정밀하게 계산하기보다 사업이 진행될 수 있는지를 대략적으로 판단하는 게 목적입니다.

1 | 사업시행인가까지 :

예상 구역 면적으로 일반분양 세대 추정

진행 단계	구역지정/조합설립	사업시행인가	관리처분인가

먼저 사업시행인가 이전 시점(구역지정, 조합설립 단계)의 사업성 추정에 대해 알아보겠습니다. 이 시기는 사업을 위한 신축 공급 세대수가 확정되지 않은 시점이기 때문에 사업성을 추정할 만한 자료 자체가 없습니다. 따라서 그나마 알 수 있는 총대지면적과 토지 등 소유자 수를 기준으로 사업성을 대략적으로 추정해야 합니다.

용도 지역에 따라 용적률이 결정되고 용적률에 따라 총 공급세대수가 결정됩니다. 『붇옹산의 재개발 투자 스터디』에 따르면, 총대지면적과 용도구역과 총공급세대 간에 일정한 비율 관계가 있다고 합니다. 과거 정비사업 구역으로 사례를 조사해봤을 때, 일반적으로 2종 일반주거의 경우 총대지면적에 0.07배, 3종 일반주거와 준주거의 경우 0.08배 정도로 비율이 형성되고 있습니다.

따라서, 총세대수가 결정되지 않은 구역지정, 그리고 조합설립 시점에는 총대지면적과 용도 지역을 기준으로 대략적인 총세대수를 추정하고 토지 등 소유자 수로 일반분양 비중을 구해 사업성을 대략적으로 추정합니다.

| 구역 면적을 통한 예상 세대수 추정 |

용도지역	총대지면적(평)	용적률	신축 세대수	비율
2종	32,600	268%	2,417	0.074
	19,695	242%	1,394	0.071
	46,233	265%	3,372	0.073
	21,233	250%	1,500	0.071
	29,556	249%	2,102	0.071
3종	34,139	287%	2,675	0.078
	35,290	290%	2,960	0.084
	48,808	293%	3,844	0.079
준주거	24,418	330%	1,909	0.078

> 2종 주거
> 용적률 250% 적용
> 대지면적 × 0.07

> 3종 주거
> 용적률 300% 적용
> 대지면적 × 0.08

| 사업성 추정 예시 |

총면적(평)	토지 등 소유자 수	용도구역	예상 세대수	일반+임대분양	비중
35,000	1,461	2종	2,450	989	40.4%

위의 예시는 3만 5천 평 2종 일반주거 지역의 정비사업을 진행할 때입니다. 예상 총세대수가 2,450세대이고 현재 토지 등 소유자가 모두 조합원분양에 참석한다고 해도 일반과 임대분양 비중이 40% 정도로, 사업이 진행 가능한 수준으로 판단됩니다.

지역별 일반분양가에 따라 다르겠지만, 일반분양 비중이 30% 이상이면 사업성이 괜찮다고 할 수 있습니다. 일반분양가가 높은 지역일수록 일반분양 비중이 적어도 사업성을 확보할 수 있습니다.

2 | 관리처분인가까지 :

사업시행인가 고시문으로 추정

진행 단계	구역지정/조합설립	사업시행인가	관리처분인가

사업시행인가 이후 사업성을 추정하는 방법에 대해 알아보겠습니다. 사업성을 계산하기 위해서는 수익과 비용이 있어야 합니다.

사업시행인가가 고시되면 건축 연면적과 분양 세대수 정보를 얻을 수 있는데, 이 정보로 사업성 계산에 필요한 숫자를 추출할 수 있습니다.

먼저, 수입 추정입니다. 사업시행인가 고시문으로 신규 주택 건설계획 정보를 얻을 수 있습니다. 타입별, 공급 세대수별로 당시 트렌드를 반영해 조합원분양 분과 일반분양 분을 임의로 배정해보고, 주변 시세를 참고해 조합원분양가와 일반분양가를 예상해봅니다. 수입에는 조합원분양 수입과 일반분양 수입뿐만 아니라 임대분양, 상가분양 수입도 있지만, 큰 비중을 차지하지 않기 때문에 생략합니다.

다시 한번 말씀드리지만, 투자를 위한 사업성 추정은 사업 수지를 정확히 계산하는 게 목적이 아니라 대략적인 추정을 통해 투자 여부를 결정하는 게 목적입니다. 수입을 추정하기 위한 준비는 끝났습니다.

| 수입 추정 |

〈사업시행인가 고시문〉

| 형별 | 세대수 | 공급면적 | | | 비율(%) |
		전용면적(m²)	공용면적(m²)	면적 합계(m²)	
39 TYPE	54	39.78	14.96	54.74	2.00
40 TYPE	83	40.67	15.24	55.91	3.06
50(A) TYPE	56	50.44	17.51	67.95	6.21
50(B) TYPE	112	50.44	17.43	67.87	
59(A) TYPE	353	59.89	21.15	81.04	43.13
59(B) TYPE	583	59.92	21.35	81.27	
59(C) TYPE	231	59.95	21.52	81.47	
75(A) TYPE	176	75.55	26.24	101.79	23.68
75(B) TYPE	465	75.60	25.68	101.28	
84(A) TYPE	149	84.70	29.78	114.48	21.92
84(B) TYPE	444	84.91	28.88	113.79	
합계	2,706	182,691.77	63,712.03	246,403.80	100

(단위: 만 원)

평형(m²)	분양수	조합원분양	일반분양	조합원분양가	일반분양가
39(임대)	54	–	–	–	–
40(임대)	83	–	–	–	–
50	168	–	168	31,500	42,000
59	1,167	116	1,051	35,438	47,250
75	641	641	–	37,997	50,663
84	593	593	–	40,556	54,075
합계	2,706	1,350	1,219	–	–

다음은 비용 추정입니다. 비용을 추정하기 위해서는 가장 큰 비중을 차지하는 공사비 계산이 필요합니다. 공사비는 건축 연면적에 공사비를 곱해 구할 수 있습니다. 건축 연면적은 사업시행인가 고시문에서 대지면적과 용적률 정보로 추정할 수 있습니다. 고시문에 건축 연면적을 직접 표시하는 경우도 있습니다. 대지면적에 용적률을 곱하면 지상에 짓는 지상 건축 연면적을 구할 수 있습니다. 지하는 용적률에 포함되지 않기 때문입니다. 지하 연면적에 대해 별도 언급이 없는 경우 지상 건축 연면적을 통해 추정해야 합니다.

지하 연면적의 경우 주차장과 커뮤니티시설로 구성되어 있는데, 최근 들어 커뮤니티시설을 확대하고 고급화시킴에 따라 면적이 점점 증가하는 추세입니다. 『붇옹산의 재개발 투자 스터디』에 따르면, 커뮤니티시설 고급화가 예상되는 단지의 경우 지상 건축 연면적에 1.6배를 하면 전체 연면적과 유사하다고 합니다.

평당 건축비는 그 시점에 주변 사례를 통해 추정합니다. 건축비는 주변 다른 구역 건축비의 큰 흐름에서 추정하면 됩니다.

이로써 사업성 추정을 위한 숫자는 모두 추출되었습니다.

마지막으로 추출한 숫자를 기반으로 사업성을 추정해봅니다.

수입은 조합원분양과 일반분양 배정, 그리고 추정 조합원분양가와 일반분양가를 통해 구합니다. 배정된 분양 세대수와 예상 분양

〈사업시행인가 고시문〉

건축물의 대지면적·건폐율·용적률·높이·용도 등 건축계획에 관한 사항
  가. 대지면적: 92,894.8m²
  나. 건폐율/용적률: 16.42%/268.28%
  다. 높 이: 95.2m(지하 3층~지상 33층)
  라. 용 도: 공동주택(20개 동), 부대복리시설, 근린생활시설

사업시행인가 고시문에서 대지면적, 용적률 정보 확인 가능
(고시문에 따라 건축 연면적을 표시하는 경우도 있음)

(지상)건축 연면적 = 대지면적 × 용적률
92,894m² × 268.28%=249,216m²

전체 건축 연면적=지상 건축 연면적 × 1.6배
249,216m² × 1.6 = 398,745m²

대지면적, 용적률로
건축 연면적 추정

(예시) 〈관리처분인가 고시문〉

대지면적	사업면적	공동주택	공원 1	공원 2	공용주차장	공공문화체육시설	사회복지시설	도로
	123,549.7m²	92,894.8m²	8,004.1m²	4,400m²	2,926m²	1,600m²	2547.1m²	11,177.7m²

규모	아파트(지하 3층, 지상 17~33층) 20개 동 및 부대복리시설, 근린생활시설
구조	철근콘크리트라멘조&벽식구조
세대수	2,706세대

연면적	지상층	249,217.18m²	
	지하층	143,312.03m²	1.6배
	소계	392,529.21m²	

| 관리처분인가 전까지 사업성 추정 |

(단위: 만 원)

	평형 (m²)	시세	분양수	조합원 분양	일반 분양	조합원 분양가	일반 분양가	분양 수입
수입	39	임대	54	0	0			604,800
	40	임대	83	0	0			987,700
	50	40,000	168	0	168	31,500	42,000	7,056,000
	59	45,000	1,167	116	1,051	35,438	47,250	53,770,500
	75	48,250	641	641	0	37,997	50,663	24,355,997
	84	51,500	593	593	0	40,556	54,075	24,049,856
	합계		2,706	1,350	1,219			110,824,853

	건축 연면적 (m²)	건축 연면적 (평)	건축비(평)	순수공사비 (60%)	기타사업비 (40%)	추정사업비
비용	398,745	120,832	430	51,957,682	34,638,455	86,596,136

	수입	비용	이익	사업면적 (m²)	사업면적 (평)	평당이익
이익	110,824,853	86,596,136	24,228,717	123,549	37,439	647

가를 곱해 수입의 총합을 구합니다.

비용은 공사비를 건축 연면적에 평당 건축비를 곱해 구합니다. 재개발은 보상비 등에 의해 변수가 많지만, 공사비와 사업비를 6:4 정도 비율로 형성된다고 보고 공사비 기준으로 사업비를 추정합니다. 수입에서 비용을 빼면 이익이 구해지고 사업 면적으로 평당이익을 구합니다. 평당이익은『붇옹산의 재개발 투자 스터디』에서 '평균권리가액'이라는 개념으로 소개된 내용을 기반으로 했습니다.

(단위: 만 원)

구역	사업면적 (m²)	사업면적 (평)	전체 분양수	일반 분양수	일반분양 비중	개발이익(전체)	평당 이익
A구역	123,549	37,439	2,706	1,219	45.0%	24,228,717	647
B구역	122,432	37,101	2,371	835	35.2%	12,088,478	326
C구역	57,749	17,500	1,338	801	59.9%	13,076,101	747

　　이 구역은 사업이 진행되면 평당 647만 원 정도의 사업성이 확보될 것으로 예상됩니다. 평당이익은 절대적인 숫자라기보다 구역별 사업성을 비교하는 데 사용할 수 있는 숫자입니다. 표의 세 구역 중 사업성만 고려한다면 C구역이 가장 좋은 선택이라고 할 수 있습니다.

3 | 일반분양까지 :
관리처분계획을 통한 예측

진행 단계	구역지정/조합설립	사업시행인가	관리처분인가

　　관리처분인가 이후에는 관리처분계획으로 사업에 대한 숫자가 제공됩니다. 보통 관리처분 시점에는 사업의 안정적인 운영을 위해

(단위: 만 원)

크기 (m²)	크기(평)	세대수	관리처분상 일반분양 가격	예상 일반분양 가격	차액	차액×평× 세대수
50	20	158	1,580	1,750	170	537,200
59	24	850	1,620	1,850	230	4,692,000
75	30	194	1,600	1,800	200	1,164,000
84	34	80	1,590	1,800	210	571,200
합계						6,964,400

수입과 비용 계획을 보수적으로 설정하는 편입니다. 그러나, 이주가 완료되고 일반분양 시점이 가까워지면 불확실성이 상당 부분 해소되고 해당 시점의 부동산 시장 상황을 고려해 비례율을 다시 추정해볼 수 있습니다.

우선 수입입니다. 관리처분 시점에 수립한 분양수입계획은 시장 상황을 고려해 다시 계산합니다. 조합원분양가는 관리처분 시점에 정해지면 사업에 큰 문제가 생기지 않는 이상 거의 변경되지 않습니다. 반면, 일반분양가의 경우 사업의 안정성을 고려해 관리처분상에는 보수적으로 설정하는 게 대부분이기 때문에 실제 일반분양 시점에 분양가가 상승하는 편입니다.

표를 보면 관리처분상에는 평당 1,500만~1,600만 원대의 일반분양가를 설정했는데, 실제 일반분양 시점에는 주변 사업장 분양가와 인근 시세로 추정했을 때 평당 200만 원 이상 상승할 것으로 예상되어 수입이 700억 원 가까이 증가할 것으로 예상해볼 수 있습니다.

일반분양 예상가는 HUG의 분양가 심사기준을 통해 추정해볼 수 있습니다. 인근 분양사업장 기준으로 주택 가격 변동률과 사업장 규모, 시공사의 안정성을 고려해 가감하되 인근 시세의 90%(투과 지역은 85%)를 넘을 수 없습니다. 임대분양 수입과 상가분양 수입은 비중도 작고 변동도 거의 없어 계산에서 제외합니다.

다음은 비용입니다. 비용 중 가장 큰 비중을 차지하는 건 공사비인데, 변동이 가장 큰 비용도 공사비입니다. 공사비는 관리처분 시점에 본계약을 하면서 정해지지만, 실 착공 시점에 세부 조건 등을 조율하면서 한 번 더 변경됩니다. 대부분의 관리처분계획서에는 실 착공 시점의 공사비 조정에 대한 조항이 있고, 소비자 물가지수 변동률 또는 건설공사비 지수를 반영하도록 되어 있습니다.

실 착공 시점 공사비가 10% 이상 상승하면 부동산원의 검증을 거치도록 되어 있기 때문에, 웬만하면 공사비 인상을 10% 이내에

| 실 착공 시점 공사비 예시 |

(단위: 만 원)

건축 연면적(m²)	건축 연면적(평)	건축비(평)	상승 건축비(평)	건축비 증가 총액
398,745	120,832	430	452	2,597,884

서 하는 편입니다. 앞 쪽의 예시를 보면, 관리처분 시점에 평당 430만 원으로 협상했으나 실 착공 시점에는 2년 동안의 물가상승률을 반영해 5% 상승된 비용을 추정한 걸 알 수 있습니다.

비용 중 예비비라는 항목이 있습니다. 공사비 인상, 이주 촉진, 미분양 발생 등에 대비해 미리 잡아놓는 비용으로, 사용하지 않을 시 비례율 상승에 기여할 수 있습니다. 늘어난 일반분양 수입, 실 착공 시 상승할 공사비, 예비비 미사용에 따른 비용 산입 등을 계산해 비례율 상승률을 추정해볼 수 있습니다.

아래 예시를 보시면 좋을 듯합니다. 일반분양 수입이 관리처분 시점보다 690억 원 증가할 것으로 예상되는 구역의 공사비는 물가상승률을 감안해 250억 원이 증가한다고 추정하고, 예비비는 미사용(공사비는 별도 계산, 미분양 내책비, 이주 촉신비 미사용)된다는 가정하에

| 비례율 상승 예측 |

(단위: 만 원)

구분	종전	변경(추정)	비고
총수입금액	106,361,877	115,126,277	• 일반분양 수입 증가 금액(690억 원) • 예비비 산입(180억 원): 아래 비용으로 처리
총지출금액	87,378,416	90,976,300	• 공사비 증가 금액(250억 원) • 기타 비용(100억 원 추정)
종전자산	18,925,101	18,925,101	
비례율	100.3%	127.6%	

비례율이 대략 127%로 상승한다고 예측해본 것입니다.

만약 이 구역이 감정평가액 1억 원의 종전자산을 소유하고 있다면, 청산 시점에 2,700만 원의 권리가액 상승분을 추가로 받을 수 있을 것입니다.

그러나 비례율은 아래 기사의 사례에서 확인할 수 있듯 조경 특화비 등의 명목으로 눈 녹듯 사라지는 경우가 종종 발생하고 또 청산 시점까지 받을 수 없는 금액이기 때문에, 사업이 진행될 만큼의 비례율만 갖추면 크게 고려하지 않는 편입니다.

| 눈 녹듯 사라지는 비례율 |

입주 앞둔 ■■■ 재건축, 추가 분담금 '껑충' 왜?

| 사업비 360억원 추가 발생, 수익률 20% ↓
"미리 고지 했어야"VS"의결 받은 사항"

▲살기 좋고 조경 우수한 아파트 조성

조합의 목표는 ■■ ■■■■ 가장 살기 좋고 조경이 탁월한 아파트 건립이다. 이를 위해 특화공사비로 210억원을 추가 발주했다. 여기에는 지하주차장 세대 전용창고 설치, 지하1층 택배차량 진입, 무인택배시스템, 신재생 에너지(태양광), 옥탑 LED 경관조명, 초고속정보통신 특등급, 단위 세대 무선AP, 특수형 소나무(10주) 식재, 진경산수(300㎡), 어린이 물놀이장 설치, 국공립어린이집 개설 등이 포함된다.

2장

수익성
판단하는 법

수익률에
대하여

재개발 투자에서 '수익률'이란 우리가 일반적으로 알고 있는 수익률의 개념과 똑같습니다. 총수익을 투자금액으로 나눈 값이죠. 총수익을 계산하기 위해서는 특정 시점을 기준으로 정해야 하는데, 신축에 입주하는 시점을 기준으로 계산합니다.

│ **수익률의 정의** │

$$수익률 \; = \; \frac{미래예측시세 - 총매입가}{투자금액}$$

입주 시점의 미래예측시세에서 현재 재개발 입주권을 매입하기 위해 소요되는 총매입가를 뺀 금액이 총수익이 되고, 투자금액으로 나누면 수익률을 구할 수 있습니다.

입주까지 한참 남은 재개발 입주권의 경우 대부분 실입주를 할 수 없고 여유 자금으로 투자를 해야 하기 때문에 수요가 한정적입니다. 수요가 한정적이기 때문에, 실입주가 가능한 주변의 랜드마크 아파트보다 저렴한 편입니다. 그러나 입주 시점이 가까워질수록 가격 간 격차가 줄어들고, 입주를 하면 주변 랜드마크 아파트에 비해 연차 차이만큼 더 비싸집니다.

조합원분양가에서 프리미엄을 더하면 입주권을 매입한 총매입가가 되고, 총매입가와 랜드마크 아파트의 현재시세 차이를 안전마진으로 확보할 수 있습니다. 추후 새 아파트 입주 시점이 되면, 랜드마크 아파트보다 연차만큼 비싸지고 수익이 늘어납니다.

이때 기준점이 되는 게 랜드마크 아파트의 현재시세인데, 지역에서 시세를 리딩하는 랜드마크 아파트가 해당 지역의 가격을 판단하는 기준점이 됩니다.

그럼 미래예측시세와 총매입가에 대해 상세히 알아보겠습니다.

미래를 예측해
수익을 판단해봐요

1 | 미래예측시세

주택 매매가격지수는 장기적으로 우상향하고 물가상승률은 평균적으로 연 2.5%씩 상승합니다.

유나바머님의 강의와 렘군의 저서『10년 동안 적금밖에 모르던 39세 김 과장은 어떻게 1년 만에 부동산 천재가 됐을까?』에 따르면, 연평균 상승률을 새 아파트와 비교 대상 랜드마크 아파트 간 연식 차이만큼 적용해주면 입주 시점 새 아파트의 가격을 예측할 수

연차에 따른 가격 차이

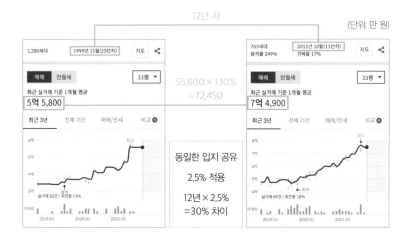

있다고 합니다.

이때 입지와 상품성이 열위에 있는 경우엔 2.0%를, 유사한 경우엔 2.5%를, 우위에 있는 경우엔 3.0%를 적용합니다.

12년 차이 나는 기축 아파트 간의 가격을 비교해봤습니다. 동일한 입지에 있는 두 아파트의 가격은 12년×2.5%만큼 차이가 납니다.

이 원리로 랜드마크 아파트의 시세를 기준으로 미래시세를 예측해볼 수 있습니다. 랜드마크 아파트의 현재시세에 신축 아파트 입주 시점의 연차만큼을 곱해 상승률을 적용해주면, 입주 시점의 가격을 예측할 수 있습니다.

(단위: 만 원)

랜드마크 아파트 현재시세

765세대   2011년 10월(11차)   지도
용적률 249%   건폐율 17%

매매   전월세   33평 ▼

최근 실거래 기준 1개월 평균
7억 4,900

최근 3년   전체 기간   매매/전세   비교

실거래 69건 / 전월세 18%
2019.01   2020.01   2021.01

연차만큼 상승률

동일한 입지 공유
2.5% 적용

16년 차이(11+5) × 2.5%
= 40%

74,900 × 40%
= 29,960

입주 시점 예측시세

현재시세
+연차만큼 상승액

74,900+29,960
=104,860

위의 예시를 보면, 현재 랜드마크 아파트 가격은 7억 4,900만 원
인데 비슷한 입지의 앞으로 입주할 아파트와 16년 차이가 난다고
하면 40% 정도의 가격 차이가 나게 됩니다. 하여, 미래시세는 대
략 10억 4,800만 원으로 예측해볼 수 있습니다.

그런데 여기서 한 가지 의문점이 생깁니다. 기준점이 되는 랜드
마크 아파트의 현재시세가 고점인지 저점인지 알 수 없다는 것입
니다. 이런 경우 PIR을 활용해 가격 범위를 추정해봅니다.

PIR을 통해 가격 범위 판단

PIR은 아파트 가격을 해당 연도의 가구 평균 소득으로 나눈 값입
니다. 소득을 그대로 저축했을 때 해당 아파트를 구입하기 위해 몇

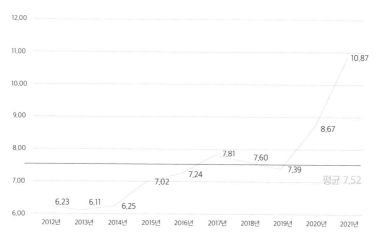

년이 걸리는지를 숫자로 표현한 것입니다. 예를 들어, PIR이 10이라면 10년간 소득을 한 푼도 쓰지 않고 모아야 집을 살 수 있다는 뜻입니다. 대출금리 등 실제 주택 구입 환경을 반영하지 못한다는 지적이 많지만, 가격을 가치로 변환시켜 비교하는 용도로 유용합니다.

위의 예시는 비교 기준이 되는 랜드마크 아파트 PIR입니다. 도시 근로자의 평균소득으로 6년 1개월 정도 걸려 매입할 수 있는 아파트가, 가치 상승으로 현재는 10년 8개월 동안 저축해 매입할 수 있는 아파트가 되었습니다.

이 아파트의 과거시세를 봤을 때 PIR의 최저점은 6.11이고 평

(단위: 만 원)

구분	현재 기준	평균	최저 기준
가치(PIR)	10.87	7.52	6.11
현재의 가격으로 변환	74,900	51,871	42,101
미래가격 예측	104,860	72,543	58,942

균은 7.52입니다. 아무리 떨어져도 이 가치만큼 떨어지지 않는다는 뜻입니다.

여기에 비례식을 적용해 과거의 최저점과 평균 가치를 현재의 가격으로 변환시켜 줍니다. 과거 기록으로 봤을 때 미래가격 예측을 최저점인 경우 6억 원이고 최고점인 경우 10억 원 정도의 범위로 설정해 판단에 활용해볼 수 있습니다.

2 | 총매입가격

미래예측시세를 구하고 나서는 현재 입주권 매입에 들어가는 총매입가격을 구해야 합니다. 미래 입주 시점의 예측시세에서 현재 매입가격을 빼면 입주 시점의 총이익을 계산할 수 있기 때문입니다.

입주권을 매입하기 위해서는 우선 입주권이 주어지는 주택을 매입해야 합니다. 이후 조합원분양가가 결정되고 조합원분양가에서

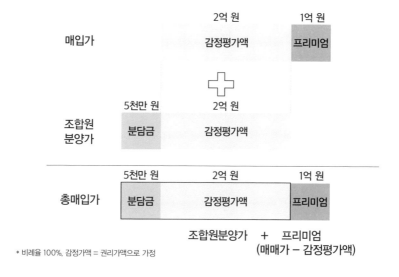

* 비례율 100%, 감정가액 = 권리가액으로 가정

권리가액을 뺀 만큼을 분담금으로 부담해야 합니다.

이를 표로 표현하면 위와 같습니다.

우선 입주권이 주어지는 주택을 매입해야 하는데, 주택 가격은 감정평가액과 프리미엄으로 구성되어 있습니다. 감정평가가 나오기 전에는 정확한 감정평가액을 알 수 없으니 추정해 매입해야 합니다.

감정평가가 2억 원 나온 주택을 프리미엄 1억 원 얹혀 총 3억 원에 매입했습니다. 이후, 관리처분 시점에 조합원분양가가 정해지고 조합원분양가에서 매입한 주택의 감정평가액(여기서는 비례율

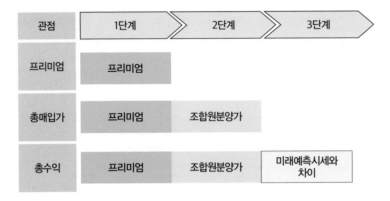

관점	1단계	2단계	3단계
프리미엄	프리미엄		
총매입가	프리미엄	조합원분양가	
총수익	프리미엄	조합원분양가	미래예측시세와 차이

| 단계별 수익을 바라보는 관점 |

100%로 가정하고 감정평가액과 권리가액이 같다고 가정)을 뺀 만큼을 분담금(5천만 원)으로 부담해야 합니다.

결국 총매입가격은 '분담금+감정평가액+프리미엄'인데 '분담금+감정평가액'이 조합원분양가이기 때문에, 간단하게 '조합원분양가+프리미엄'으로 총매입가격을 구합니다.

'조합원분양가+프리미엄'은 관리처분인가 시점에는 숫자가 다 오픈되기 때문에 쉽게 구할 수 있으나, 선진입하기 위해서는 주요 변수를 예측해야 합니다. 감정평가액과 조합원분양가를 예측해야 하는데요. 이 내용은 뒤에서 상세히 다루겠습니다.

재개발 투자에 입문하면, P라고 하는 프리미엄만 보게 될 것입니다. 그러나 어느 정도 투자 경력이 쌓이면 프리미엄에 조합원분양가의 합인 총매입가격이 저렴한 매물을 찾게 될 것입니다. 좀 더 재개발을 연구하다 보면, 미래예측시세와 총매입가격의 차이인 총수익의 관점에서 투자를 바라보게 됩니다.

　궁극적으로 재개발 투자는 여타 다른 투자와 동일하게 총수익액이 큰 것을 찾는 것입니다.

　지금까지 재개발 투자의 수익성에 대해 알아보았습니다. 재개발 투자는 여타 다른 투자와 동일하게 수익액이 가장 크고 투자 비용이 가장 적게 투입되는 것을 투자 대상으로 삼아야 하고, 의사 결정 시 숫자가 말하는 내용에 집중해야 합니다.

| 수익률 |

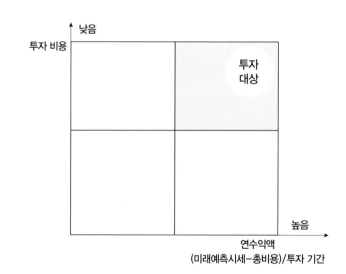

3장

사업성 vs.
수익성

사업성과 수익성이
충돌할 때

사업성이 수익성에 영향을 주긴 하지만, 사업성이 좋다고 해서 수익성이 좋고 수익성이 좋다고 해서 사업성이 좋은 것은 아닙니다. 예를 들어 서울 요지의 재개발은 쪼개기가 성행해 거의 1:1 재개발 형식으로 가고 있습니다. 하여, 사업성이 없어도 사업이 진행되기도 하고 상승기 때 수익성이 뛰어난 경우도 있습니다.

그럼, 사업성과 수익성이 충돌하는 경우는 어떨까요? 저는 사업성보다 수익성 쪽을 좀 더 비중 있게 두는 편입니다. 사업성 측면은 사업의 진행 가능성만 있으면 크게 개의치 않고, 수익성을 좀 더

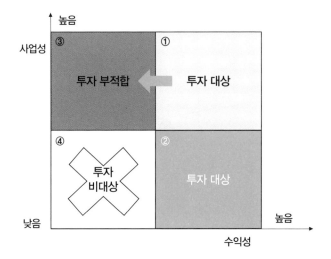

철저하게 검증하는 편입니다.

사업성과 수익성을 기준으로 매트릭스를 그려봤습니다.

④번은 사업성도 낮고 수익성도 낮으므로 투자 대상에서 제외합니다. ①번은 사업성도 좋고 수익성도 좋으므로 적극적으로 투자를 고려해야 합니다. 이런 경우 의사결정은 단순명쾌합니다.

그럼 사업성만 나쁘거나 수익성만 나쁜 경우에 어떻게 판단해야 할까요? ③번 케이스는 사업성은 좋으나 수익성이 떨어지는 경우입니다. 사업성이 좋다고 알려진 구역은 높은 사업성으로 프리미엄에 인기가 반영되는 경우가 많습니다. 프리미엄이 과도하게 높게 형성되는 경우 레드오션으로 바뀌어 투자 대상으로 부적합

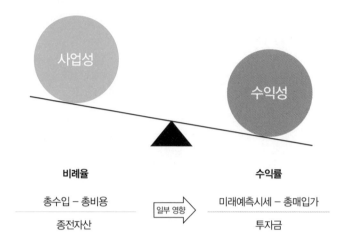

비례율		수익률
총수입 - 총비용	일부 영향	미래예측시세 - 총매입가
종전자산		투자금

하게 됩니다.

반면 ②번처럼 사업성은 다소 떨어지나 수익성이 높은 경우는 투자사 입장에서 의외의 블루오션인 경우기 있습니다. 사업성에 대한 우려로 프리미엄이 다소 저평가되는 경향이 있는 경우, 사업성에 대한 면밀한 판단 후에 일반 대중과 반대로 가는 투자를 할 수 있습니다. 사업이 진행될 정도의 사업성만 확보되면, 사업성에 문제가 있다는 얘기에 오히려 프리미엄이 약세인 경우가 기회일 수 있습니다.

추가분담금 리스크,
오히려 기회

평소 거래가 있던 중개사 소장님이 문자를 보내왔습니다. 매도자가 74m² 입주권 의뢰를 했는데 어떤 이유에서였는지 매도가 잘 되지 않는 상황이었습니다. 해당 구역은 이미 일반분양을 마친 후 착공에 들어가 있었고 사업 진행에 대한 리스크는 거의 없었습니다.

우선 수익성을 분석했습니다. 주변 유사한 입지의 입주권들과 시세를 비교해봤습니다. 평균 8천만 원 정도 저렴했습니다.

| 주변 입주권과 비교 |

(단위: 억 원)

구분	조합원분양가	프리미엄	총매입가
A구역	3.23	1.5	4.73
B구역	3.98	1.1	5.08
C구역	3.24	1.5	4.74
대상구역	3.26	0.8	4.06

동일 아파트 분양권과 시세를 비교해봤습니다. 일반적으로 분양권 전매제한이 없어 분양권과 입주권이 동시에 거래되는 구역에서는 입주권이 항상 약세지만, 그걸 감안하더라도 8천만 원 정도 가격이 낮은 건 상당히 저렴하다고 생각되었습니다.

| 분양권과 비교 |

(단위: 억 원)

구분	일반분양가	프리미엄	총매입가
동일 아파트 분양권	4.32	0.5	4.82
입주권			4.06

(단위: 만 원)

구분	랜드마크 아파트		대상구역			
	시세	입주년도	입주년도	연차	적용률	예측시세
59m²	39,450	2010	2021	11	2.5%	50,299
84m²	46,740	2010	2021	11	2.5%	59,594
74m²(추정)	43,095	2010	2021	11	2.5%	54,947

마지막으로, 기준이 되는 랜드마크 아파트로 미래시세를 예측해봤습니다. 입주 시점에 예측시세가 5억 4천만 원으로 1억 4천만 원의 수익이 예상되었습니다.

현재의 입주권과 분양권 시세와 비교해봐도 괜찮고, 3년 후의 미래예측시세 대비 1억 4천만 원의 수익이 예상되었습니다. 수익성 면에서 괜찮은 구역이었습니다.

그러나, 이 구역은 사업성이 나쁘다고 소문이 나 있었고 조합에서도 공식적으로 추가분담금이 발생한다고 공지한 상태였습니다. 아마도 이런 이유 때문에 다들 막연하게 리스크가 크다고 생각해 접근조차 하지 않았던 게 아닌가 싶습니다.

경우에 따라서는 조합 회의록, 구의회 회의록을 통해 추가 정보를 얻을 수 있음에도 불구하고, 사업성이 나쁘다는 얘기를 듣고 투자 대상에서 제외하는 오류를 범해서는 안 됩니다. 수익성이 확보된 경우 사업성 리스크를 판단해보고 감당할 범위라면 투자 대상으로 고려해봐야 합니다.

　리스크를 명확하게 조사해보기로 했습니다. 현금청산자들과 소송 중이고 소송에 패소할 시 최대 50억 원가량의 비용이 추가로 소요될 수 있다는 정보를 얻을 수 있었습니다. 50억 원을 조합원 수로 나누면 조합원당 1천만 정도로 배분될 텐데, 해당 입주권은 권리가액도 작은 편에 속해 있었기 때문에 수익이 리스크보다 크다고 판단했습니다. 결국 매도자와 1천만 정도 절충해 입주권을 매수했습니다. 입주한 현재, 시세는 부동산 급상승기를 타고 매입 시점 대비 두 배가 되었고 추가분담금은 1천만 원 정도로 분배될 것으로 보입니다.

4장

주요변수 예측의
대원칙

공동주택 감정평가 예측의
대원칙

재개발 투자에 있어서, 숫자가 모두 다 공개된 관리처분인가 이후 단계에 투자하는 것이 가장 이상적입니다. 그러나, 그 시점에는 리스크가 대부분 해소되었기 때문에 비용을 더 많이 지불해야 합니다. 따라서 투자 수익률을 극대화하기 위해서는 재개발 사업을 위한 숫자가 확정되기 전에 예측해서 투자할 필요가 있습니다. 예측해야 하는 숫자는 감정평가액과 조합원분양가입니다. 감정평가와 조합원 분양가 예측에 대해 자세히 알아보겠습니다.

| 공동주택가격 산정 기준과 재개발 감정평가 기준 |

공동주택가격 산정 기준

공동주택가격 조사·산정 기준

제15조(적정가격기준 조사·산정) …
공동주택의 적정가격은 해당 공동주택에 대하여 통상적인 시장에서 정상적인 거래가 이루어지는 경우 성립될 가능성이 가장 높다고 인정되는 가격을 기준으로 산정한다.

재개발 감정평가 기준

부동산 가격공시 및 감정평가에 관한 법률 감정평가에 관한 규칙

제16조(토지와 건물의 일괄감정평가) …
토지와 건물을 일괄하여 감정평가를 할 때는 거래사례비교법을 적용하여야 한다.

선정 기준 유사

+

공익사업을 위한 토지 등의 취득 및 보상에 관한 법률

제70조(취득하는 토지의 보상) …
해당 공익사업으로 인한 지가의 영향을 받지 아니하는 지역 기준으로 산정한다.

×

재개발은 공익사업이기 때문에
해당 사업으로 인한 가치 변동을 배제

다세대주택, 빌라로 대표되는 공동주택의 감정평가를 얘기할 때 빠질 수 없는 단어가 공동주택가격입니다. 재개발 투자자들 사이에서 공동주택의 감정평가를 예측하는 프레임으로 사용되어 왔습니다. 정제된 프레임은 어떤 대상을 판단할 때 빠른 의사결정에 도움을 주지만, 잘못된 프레임은 큰 손해를 초래합니다.

공동주택가격이 감정평가 예측에 적합한 프레임일까요? 관련 법을 통해 공동주택가격 산정 기준과 재개발 감정평가 기준을 정리해봤습니다.

| 공동주택가격과 재개발 감정평가 |

	공동주택가격	재개발 감정평가
평가 방법	• 거래사례비교법으로 평가 • 통상적인 시장 거래가격이 반영됨	• 거래사례비교법으로 평가 • 재개발로 인한 가치 변동을 배제하여 평가함
거래 사례 참고 대상	• 해당 지역 실거래가격	• 재개발 구역 외 주변 지역 실거래가격
평가 목적	• 세금을 부과하기 위한 기준	• 조합원들 간 출자 자산의 상대적 비율 산정이 목적

공동주택가격 산정 기준과 재개발 감정평가 기준을 비교해보면, 산정 기준이 거의 같다는 걸 확인할 수 있습니다. 통상적으로 시장에서 거래가 이뤄지는 거래 사례를 기준으로 가격을 산정하는 건 동일합니다.

공동주택가격 산정과 재개발 감정평가의 가장 큰 차이점은, 재개발 감정평가의 경우 해당 사업으로 변동된 가치를 배제하는 게 원칙이라는 것입니다. 정비사업에서 사업으로 변동된 가치를 배제한다는 건 재개발로 상승한 시세를 제외해야 한다는 뜻입니다.

그럼 재개발로 변동된 가치를 배제하기 위해서는 어떻게 해야 할까요? 거래 사례의 표본을 재개발 구역 내(內)가 아닌 재개발 구역 외(外)에서 추출해야 합니다. 그렇게 해야 재개발로 상승한 시세를 배제할 수 있습니다.

(단위: 만 원, 년)

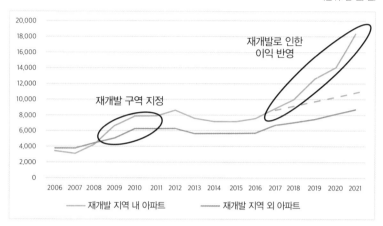

자료: 국토교통부

　　공동주택가격 현황 그래프는 재개발 구역과 인근 재개발 구역 외 지역의 공동주택가격 변화를 비교한 것입니다. 공동주택가격은 해당 지역의 거래 사례를 반영해 형성됩니다.

　　그래프에서 볼 수 있듯이, 재개발 구역 지정 초기에는 재개발 구역과 주변 지역 간 공동주택가격의 차이가 거의 없습니다. 그러나, 재개발이 진행됨에 따라 재개발 구역 내 공동주택은 투자 수요가 유입되고 실거래가가 상승하면서 재개발 이익이 반영될 수밖에 없습니다.

　　이런 이유로 재개발 지역과 주변 지역 공동주택 간 공동주택가격이 차이가 나는 것입니다. 정비사업 이슈가 없었다면 재개발 지역 외 아파트와 거의 유사한 비율인 점선으로 공동주택가격이 형성되었겠지만, 재개발로 인한 시세 상승과 실거래가가 공동주택가격에 반영되어 차이가 벌어졌습니다.

따라서 재개발 구역 내 공동주택가격 기준으로 감정평가를 예측하면 사업 이익이 반영되어 틀릴 가능성이 큽니다.

공동주택의 감정평가를 예측하기 위해서는 머릿속에서 공동주택가격이라는 프레임을 지워버려야 합니다. 공동주택 감정평가 예측은 재개발 구역이 아닌 그 외 지역의 실거래가를 기반으로 해야 합니다.

1 | 주변 지역의 실거래가와 공동주택가격 비율

종종 재개발 이익을 배제하기 위해 재개발 구역이 아닌 주변 지역의 실거래가를 참고하긴 하는데, 실거래가 자체를 사용하는 게 아니라 실거래가와 공동주택가격 비율을 구해 재개발 대상 공동주택의 공동주택가격에 곱해 감정평가를 예측하는 경우가 있습니다. 어떤 일이 일어날까요?

재개발 구역이 아닌 지역의 실거래가를 조사하는 최초의 목적은 재개발 이익을 배제하기 위함이었을 겁니다. 이 상태에서 감정평가액을 추정하면 됩니다. 그런데 여기서 공동주택가격의 프레임을

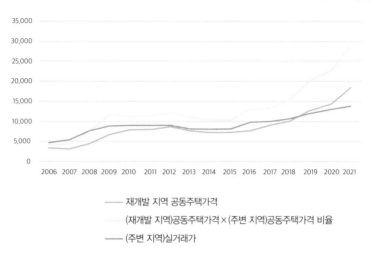

(단위: 만 원, 년)

―――― 재개발 지역 공동주택가격

―――― (재개발 지역)공동주택가격 × (주변 지역)공동주택가격 비율

―――― (주변 지역)실거래가

사용해 재개발 외 지역 표본의 실거래가와 공동주택가격 비율을 구한 다음 감정평가를 추정하고자 하는 재개발 공동주택의 공동주택가격에 곱해 감정평가를 예측하면, 애써 재개발 이익을 배제해 놓고 원점으로 돌아가는 꼴이 되어버립니다.

아마도 감정평가는 재개발 이익을 배제한 주변 지역의 실거래가와 유사하게 형성될 가능성이 큽니다. 그러나 감정평가 추정 대상의 공동주택가격에 재개발 주변 지역의 실거래가와 공동주택가격 비율을 곱하면, 재개발 이익이 반영되어 실제 감정평가 결과와 간격이 벌어질 수밖에 없습니다. 사이클 초반에는 어느 정도 맞을지 몰라도 후반으로 갈수록 격차는 더욱 벌어집니다.

다시 한번 말하지만, 재개발 감정평가는 공동주택가격이라는 프레임을 버리고 재개발 주변 지역의 실거래가로 예측해야 합니다. 그럼 어떤 표본으로 예측해야 할까요?

2 | 실거래가 표본 선택의 기준

재개발 대상이 아닌 지역의 빌라나 아파트 매매는 일반적으로 투자 수요보다 실사용가치에 의해 이뤄집니다. 따라서, 공동주택 감정평가 기준이 되는 거래 사례 자체가 실사용가치에 따라 형성되기 때문에 실사용가치를 형성하는 조건이 유사한 대상을 표본으로 선택하면 됩니다.

현재 살고 있는 아파트의 대지지분을 알고 있으신가요? 아마도 재건축이 한창 진행되는 단지 외에는 거주를 위해 매매 시 대지지분에 대해 깊게 생각하지 않을 것입니다. 거주 기능이 거의 없는 빌라를 투자 용도로 매입하는 경우는 얘기가 다르겠지만, 실거주를 위해 빌라를 매입하면서 그 빌라의 대지지분을 따지는 사람은 많지 않을 것입니다.

따라서 재개발 감정평가 예측에서 대지지분은 그렇게 중요한 요소는 아닙니다. 실사용가치 기준으로 유사한 대상을 찾아야 합니다.

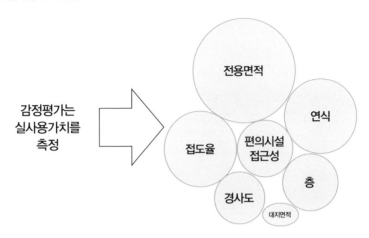

실사용가치를 형성하고 있는 요소는 아마도 전용면적, 연식, 접도율, 편의시설 접근성, 층, 경사도, 대지면적 순서일 것입니다. 이런 요소들이 유사한 공동주택을 표본으로 삼아야 합니다.

감정평가가 잘 나오는 기준도 동일합니다. 실사용가치를 측정하기 때문에, 대지지분이 큰 빌라보다는 전용면적이 크고 연식이 짧고 큰 도로를 접하고 있는 빌라가 감정평가가 잘 나옵니다.

| 거래 사례 수집 |

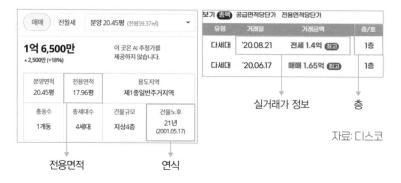

전용면적

연식

자료: 부동산플래닛

실거래가 정보

층

자료: 디스코

| 재개발 구역과 재개발 구역 외 지역 거래 사례 |

자료: 부동산플래닛

3 | 공동주택 감정평가 실습

감정평가 예측을 위해서 첫 번째로 할 일은 거래 사례 수집입니다. 감정평가의 기준 시점은 사업시행인가일이기 때문에, 사업시행인가일 기준으로 이전 2년까지 거래된 사례를 최대한 수집합니다. 요즘은 다양한 프롭테크 앱에서 거래 사례를 제공하고 있어 매우 편해졌습니다.

저는 다양한 프롭테크 앱 중에 부동산플래닛, 디스코, 밸류맵을 주로 사용합니다. 이 중 부동산플래닛은 재개발 구역과 비 재개발 구역을 구분해주고 있어서, 재개발 구역 외 지역의 거래 사례 수집에 매우 편리합니다. 위의 지도에서 볼 수 있듯, 재개발 진행 구역엔 빗금이 쳐 있습니다.

빗금이 쳐 있는 ②번 구역의 감정평가를 예측하기 위해서는 무엇을 해야 할까요? 입지를 공유하나 재개발 지역이 아닌 ①번 지역의 거래 사례를 수집해야 합니다. 다양한 프롭테크 앱에서 필요한 정보를 수집합니다. 감정평가를 예측하기 위해서는 유사한 공동주택의 거래 사례를 찾아야 하는데, 유사성을 판단하는 기준은 전용면적, 연식, 층, 접도율, 편의시설 접근성 등 실사용가치와 관련된 정보들입니다.

거래 사례를 다 모았으면 자료들을 정리해 리스트업합니다. 공동주택 자체의 내재요소인 전용면적, 연식, 층에 대한 정보와 주변

| 거래 사례 리스트업 |

(단위: 만 원)

구분	주소	내재요소			주변요소			거래 시점	실 거래가	보정 가격
		전용 면적	연식	층	접도 여부	편의시설 접근	경사도			
예측 대상	A	11.55	1989	2	중	상	상			
거래 사례 1	B	10.64	1991	1	하	중	상	2019	8,800	8,900
거래 사례 2	C	9.66	1987	3	중	중	상	2019	6,300	7,400
거래 사례 3	D	11.94	1991	3	상	상	상	2019	8,700	8,000
거래 사례 4	E	12	1991	1	중	상	상	2019	8,000	7,500

입지를 구성하고 있는 요소인 접도 여부, 편의시설 접근성, 경사도 같은 데이터를 기입합니다. 그리고 가장 중요한 거래 시점과 실거래가격을 정리합니다. 거래 사례 중 전용면적, 연식의 차이가 크거나 거래 시점이 2년 이상 차이 나는 대상을 제외하고 최대한 비슷한 사례만 남깁니다. 간혹 내부거래 등 특수한 거래가 있기 때문에 평균과 극단적으로 차이 나는 거래 사례는 제외해줍니다.

다음으로 해야 할 일은 실거래가격의 보정입니다. 연식에 따라, 전용면적 차이에 따라, 거래 시점에 따라 가격을 보정해줍니다.

저는 연식 차이마다 보통 2.5% 차이를 두는 편입니다. 또한 접도 조건, 편의시설 접근성, 경사도에 따라 적당한 가격을 가감합니다. 기준은 지역마다 다르기 때문에 사례를 관찰하면서 기준을 스스로 수립해 사용하면 됩니다. 이제 데이터가 다 만들어졌으니 보정 가격들의 평균을 구합니다.

마지막으로 감정평가에 구역의 특성을 반영해줍니다. 재개발 감정평가 목적은 기계적으로 정확한 감정평가를 산출하는 게 아니라, 조합원들 간의 자산을 합리적으로 배분하는 것입니다. 그렇기에 사업성이 좋은 구역은 감정평가가 후하게 나올 수 있고, 사업성이 좋지 않은 구역은 종전자산 평가를 박하게 할 가능성이 큽니다.

위 예시 구역의 보정 가격 평균은 7,950만 원이었고 실제 감정평가 결과는 7,500만 원이었습니다.

개별주택 감정평가 예측의
대원칙

흔히 단독주택, 다가구주택이라고 불리는 개별주택 감정평가 예측에 대해 알아보겠습니다. 개별주택은 공동주택과 다르게 토지와 건물을 분리해 감정평가를 예측해야 합니다.

토지는 표준지를 기준으로 가격 형성요인을 비교해 평가하고, 건물의 경우 원가법으로 평가합니다. 개별주택 감정평가는 토지와 건물의 평가 결과를 합해 산출하는데, 개별주택에도 동일하게 적용되는 재개발 감정평가 대원칙은 재개발로 인한 이익을 배제한다는 것입니다.

「부동산 가격공시 및 감정평가에 관한 법률」
감정평가에 관한 규칙

토지

표준지를 선정하여 평가시점까지의 지가
변동률에 의한 시점 수정과 토지가격 형
성요인인 지역요인, 개별요인 및 기타요
인 등을 비교하여 평가

건물

건물의 구조, 규모, 용재, 시공의 정도 및
관리 이용 상태, 경과 년수 등을 고려하
여 원가법으로 평가

1. 개별주택(단독주택)은 토지
   와 건물을 분리하여 감정평
   가한다

2. 재개발로 인한 이익을 배제
   한다

+

「부동산 가격공시 및 감정평가에 관한 법률」
감정평가에 관한 규칙

해당 공익사업으로 인한 지가의 영향을
받지 아니하는 지역 기준으로 산정

1 | 토지 감정평가 기준

먼저 토지의 감정평가 기준부터 알아보겠습니다. 다음 쪽에서
2018년 8월 16일 사업시행인가를 취득한 한 구역의 감정평가 결
과서를 보실 수 있습니다. 토지는 표준지의 공시지가를 기준으로
토지의 단가 결정요인을 곱해 산출하는데 지가변동률, 지역요인,

| 토지가격 결정요인 |

가중치 거의 1.00

공시지가(m²)	지가 변동률	지역 요인	개별 요인	기타 요인	산출단가(m²)	결정단가(m²)
1,140,000원	1.02	1.00	1.00	1.456	1,693,037원	1,690,000원

구분		표준지	평가 대상
가로조건	가로의 폭, 구조, 계통 및 연속성 등의 상태	1.00	1.00
접근조건	교통시설과 접근성	1.00	1.00
	상사와의 접근성		
	공공 및 편익시설과 접근성		
환경조건	일조 등	1.00	1.00
	자연환경(조망, 경관 등)		
	인근환경(인근 토지의 이용 상황 등)		
	공급시설 및 처리시설의 상태		
	위험 및 혐오시설 등		
획지조건	면적, 접면 너비, 깊이, 형상, 방위, 고저 등	1.00	1.00
	접면도로 상태 등		
	이용 상황 등		
행정적 조건	행정상의 조장 및 규제 정도	1.00	1.00
기타조건	장래동향 기타		
격차율 누계			1.00

기간	지가변동률(%)	비고
2018년 1월~7월	1.784	
2018년 8월 1일~15일(15일)	0.216	$0.447 \times 15 / 31 = 0.216$
누계	2.000	

개별요인, 기타요인으로 나눌 수 있습니다.

지가변동률은 표준지의 공시지가 산출 시점과 감정평가 시점 간 가격 변동을 보정해주는 요인입니다. 공시지가는 매년 1월 1일을 기준으로 산출되므로, 감정평가 시점(사업시행인가 시점)과의 차이를 한국부동산원에서 제공하는 지동변동률을 적용해 계산해줍니다.

지역요인은 지역 간 차이를 보정해주는 지표인데, 대부분 입지를 공유하는 지역의 표준지와 비교하기 때문에 거의 1.00이라고 보면 됩니다.

개별요인을 정리해보면, 이 또한 특이사항이 있지 않는 한 유사한 지역의 표준지와 비교하기 때문에 거의 1.00이라고 보면 됩니다.

토지의 감정평가를 결정하는 요인 중 지가변동률, 지역요인, 개별요인은 감정평가에 크게 영향을 미치지 못합니다. 토지 감정평가에 영향을 주는 주요 요인은 '기타요인'이라고 하는 거래 사례입니다.

감정평가 규칙에 따르면, 토지 감정평가 시 유사 부동산의 거래 시세를 반영해 기타요인으로 보정한다고 되어 있습니다. 그런데 여기서 주의해야 할 점은, 공동주택과 동일하게 재개발 이익을 배제해야 하기에 재개발 구역 외 지역의 거래 사례를 참고해야 한다는 것입니다.

공시지가(m²)	지가 변동률	지역 요인	개별 요인	기타 요인	산출단가(m²)	결정단가(m²)
1,140,000원	1.02	1.00	1.00	1.456	1,693,037원	1,690,000원

> 인근 지역 유사 부동산의 거래시세, 가격동향 및 평가전례 등과의 균형 및 형평성을 유지하기 위해 「감정평가에 관한 규칙」 제17조 등에 의거하여 기타요인으로 보정함

+

> 해당 공익사업으로 인한 지가의 영향을 받지 아니하는 지역 기준으로 산정

2 | 건물 감정가 예측

다음으로 건물 감정가를 예측하는 방법에 대해 알아보겠습니다. 건물가격은 익히 알려져 있듯 원가법으로 산출합니다. 매년 건축단가 상승률을 감안해 한국부동산원이 발표하는 건물신축단가표를 기준으로 내용연수를 적용해 추정합니다.

용도에 따른 건축신축단가표는 보통 다가구주택이 가장 비쌉니다. 건물 구조별 내용연수는 블록조 슬래브 지붕은 40년, 흔히 알고 있는 빨간 벽돌집은 45년, 콘크리트조로 지어진 주택은 50년입니다.

| 건물가격 결정요인 |

한국부동산원 2020년도 건물신축단가표 용도별 평균값

「건축법」 제25조제12항 및 표준조례(안) 운영지침*과 관련한 감리비용 산출 시 공사비를 다음과 같이 알려드립니다.

- 표준조례(안) 운영지침 : 비상주감리의 공사비 산정 시 공사내역서 또는 한국부동산원 건물신축단가표 용도별 평균값을 적용할 수 있다.

용 도	공사비(원/㎡)
다가구 주택	1,606,930
아파트	1,503,878
연립 주택	1,829,834
다세대 주택	1,585,430
다중주택	1,625,930
오피스텔	1,597,091
근린생활시설	1,517,854
창고	679,714
공장	832,375

<산출근거>
1. 본 자료는 한국부동산원이 발간한 2020년 건물신축단가표를 참고하여 재산출하였음
2. 산출방식 : 용도별 평균값(건물표준단가+부대설비단가)의 평균을 적용하였음

구조별 내용연수		
용도	구조	내용연수
일반주택	블록조, 슬래브 지붕	40
다가구주택	치장벽돌조, 슬래브위 아스팔트쉬글	45
다가구주택	철근콘트리트조, 슬래브위 아스팔트쉬글	50

〈예시〉

빨간 벽돌집 1994년식 다가구주택 건물 크기 155m²

- 내용연수 : 18/45
- 단가 : 160만 원
- 크기 : 155m²
- 건축물 감정평가 : 9,920만 원

이 내용을 기준으로 2021년 기준으로 1994년식 155m² 빨간
벽돌집의 건물 감정평가를 예측해본다면, 신축 후 27년이 경과했
으므로 잔존가치는 45년 중 18년이 남았습니다. m²당 건축단가가
160만 원이기에 '160 × 18/45'로 m²당 잔존가치를 구할 수 있습
니다. 여기에 면적인 155m²를 곱하면 9,920만 원 정도로 건축물
감정평가를 추정해볼 수 있는 것입니다.

3 | 개별주택 감정평가 실습

개별주택도 공동주택과 동일하게 거래 사례를 수집해야 합니다.
물론 재개발 이익을 배제하기 위해 재개발 지역이 아닌 재개발 주
변 지역의 사업기행인가일 기준 최근 2년 내 거래 사례를 수집해
야 합니다.

개별주택의 감정평가를 위해서는 토지면적, 공시지가, 건축 연
면적, 주구조, 연면적, 층별 정보, 실거래 정보가 필요합니다. 프롭
테크 앱에서 비교적 손쉽게 얻을 수 있습니다. 추가적으로 국토교
통부 부동산공시가격알리미를 통해 거래 사례들에 인접한 표준지
공시지가 정보를 수집할 수 있습니다.

| 거래 사례 수집 |

거래 정보

| 실거래 | 추정가 | 토지 | 건물 | 주변 | 매물 |

실거래가 2020.06.02

6억 3,000만

직전 거래이력 없음

추정가

???억

간편하게 로그인 ›

토지면적(1필지)	공시지가총액	용도지역	지목
41.41평	2억9,170만	제1종일반주거지역	대

건물면적(1동)	주용도	건물규모	건물노후
84.56평	단독주택	지하1층 지상3층	26년 (1996.12.18)

자료: 부동산플래닛

토지면적,
공시지가,
용도지역,
경사

연식,
연면적,
주구조,
층별 정보

자료: 밸류맵

| 거래 사례 리스트업 |

(단위: 원)

주소	실거래가	개별 공시지가	표준지 공시지가	건물면적 (m²)	연식	잔존 가치	구조	건물 추정가액	추정 토지가액	토지 면적(m²)	면적당 금액	거래시점
A	510,000,000	1,250,000	1,250,000	293.55	1990	17	조적조	163,295,342	346,704,658	216	1,605,114	2018년 10월
B	324,000,000	1,648,000	1,250,000	197.38	1994	21	조적조	135,632,957	188,367,043	120	1,569,725	2017년 12월
C	380,000,000	1,259,000	1,050,000	212.16	1994	21	조적조	145,789,280	234,210,720	146	1,604,183	2018년 04월
D	280,000,000	1,925,000	1,070,000	128.98	1994	21	조적조	88,630,757	191,369,243	124	1,543,300	2017년 12월
E	203,500,000	1,165,000	1,070,000	66.05	1977	4	조적조	8,645,211	194,854,789	112.7	1,728,969	2017년 08월

거래 사례들을 실거래가, 공시지가 등 수집한 정보를 기준으로 리스트업합니다. 앞쪽의 예시는 2018년 8월에 사업시행인가를 받은 구역의 공시지가가 114만 원인 단독주택의 감정평가를 예측하기 위해 모은 거래 사례입니다. 표준지의 공시지가가 10% 이상 차이 나는 사례들은 제외합니다. 도시 지역에는 토지가 나대지로 있는 경우는 거의 없고 대부분 건물과 토지를 일괄거래한 사례들입니다. 이런 경우에는 거래가격에서 건물가격을 추정해 토지가격만 추출하는 작업을 해야 합니다.

2018년도 다가구주택, 단독주택의 신축 단가는 m^2당 147만 2,500원이고, 건물가격 추정 공식인 '(건축신축단가 × 잔존가치/내용연수) × 건물면적'에 따라 건축물 가격을 추정하고, 실거래가격에서 건물가격을 빼 토지가격도 추정합니다.

추정한 토지가격을 면적으로 나눠 면적당 토지가격을 구하고, 평균가격을 구합니다. 재개발 구역 주변 지역의 토지 거래 사례 평균을 구했으면 감정평가 예측을 거의 마무리한 것입니다. 토지의 평균가격과 건축신축단가표를 기준으로 대상 개별주택 감정평가를 예측합니다.

2018년 사업시행인가를 받고 토지가 136m^2, 연면적이 156m^2인 1978년식 단독주택의 감정평가를 예측해보면 다음과 같습니다.

감정평가 예측

토지 크기 (m²)	토지 평균 가격	토지가격 추정	연식	건축 신축 단가	잔존 가치	연면적 (m²)	건물가격 추정
136	1,610,258	218,995,135	1978	1,472,500	5	156	25,547,875

토지는 표준지의 공시지가가 유사한 지역의 거래 사례로 예측한 평균가격에 토지 크기를 곱해 가격을 추정하고, 건물은 건축 신축 단가를 기준으로 내용연수가 45년인 건물의 잔존가치에 연면적을 곱해 추정할 수 있습니다.

감정평가 예측 결과 표를 보면, 합계 2억 4,350만 원(토지 2억 1,800만 원, 건물 2,550만 원)으로 예측되었고 실제 합계 결과는 2억 7,380만 원(토지 2억 2,200만 원, 건물 5,180만 원)으로 나왔습니다.

감정평가 예측 편차

(단위: 백만 원)

구분	합계	토지	건물
예측	243.5	218	25.5
결과	273.8	222	51.8
차이	30.3	4	26.3
차이(%)	12.4%	1.8%	103.1%

토지는 큰 범위에서 벗어나지 않지만 건물의 경우 예측과 편차가 큰 편이었습니다. 어떤 구역은 1978년식 건물을 평당 100만 원 이상으로 감정평가를 한 반면, 어떤 구역은 1988년식 건물을 평당 80만 원으로 감정평가하기도 합니다. 하여, 건물은 어느 정도의 범위를 두고 예측하는 편이 좋습니다.

지금까지 개별주택 감정평가에 대해 알아보았습니다. 이제 감정평가 예측은 끝났습니다. 이어서 조합원분양가 예측에 대해 알아보겠습니다.

조합원분양가 예측,
최소한의 기준

조합원분양가를 예측을 하기 위해 다각도로 연구해봤습니다. 일반분양 비중에 따라 일반분양가와 조합원분양가 간 비율에 규칙이 있지 않을까 여러 구역 데이터를 보면서 연구를 해보고 관련 논문도 찾아봤지만, 공식이나 규칙을 찾을 수 없었습니다.

조합원분양가는 다양한 요인의 영향을 복합적으로 받으며, 일반분양 비중이나 일반분양가, 공사비 등의 단편적인 숫자로 공식처럼 예측할 수는 없습니다. 다만, 최소한의 기준은 있는 것 같습니다.

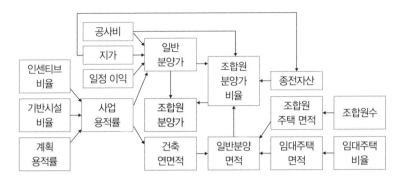

자료: 김성희·안건혁, 「주택재개발사업의 조합원분양가 결정요인 분석」, 국토계획, 2010.

1 | 지역 내 흐름에서 벗어나기 힘들다

일반분양가도 마찬가지지만, 주변 구역의 조합원분양가가 평당 1
천만 원 정도로 형성된 구역에서 갑자기 평당 1,500만 원 이상의
조합원분양가가 설정되긴 어렵습니다. 조합원들의 반발로 사업이
진행되기 어렵기 때문입니다. 조합원분양가는 지역 내 가격 형성
흐름에서 크게 벗어나기 힘듭니다.

2 | 시간이 흐를수록 상승한다

상승기가 지속되면, 정비사업도 활발하게 움직이고 분양도 합니다. 조합원들 대부분은 일반분양가가 상승하는 것을 당연하게 생각하는 반면, 조합원분양가는 2년 전 분양한 단지와 비교하곤 합니다. 수입을 구성하는 한 축인 일반분양가를 올렸기 때문에 조합원분양가를 낮추기도 하지만 주변 시세 상승에 비례해 종전자산이 증가했을 것이고 큰 비중을 차지하는 공사비 또한 증가했을 가능성이 높습니다. 따라서 일반분양가가 상승하듯, 조합원분양가도 일정 수준 상승분을 반영해줘야 합니다.

3 | 사업성에 영향을 받는다

조합원분양가에 가장 큰 영향을 주는 것은 아무래도 일반분양 수입입니다. 일반분양 수입을 크게 잡을 수 있으면 조합원분양가에 부담이 덜하기 때문입니다. 또한 경우에 따라서는 큰 비용이 발생하기도 합니다. 수입이 커지는지, 비용이 추가로 발생되는지에 따라 조합원분양가가 조정됩니다.

결론적으로, 지역 내 일반적인 수준의 조합원분양가를 기준으로 일반분양만큼은 아니지만 일정 정도 상승을 가정하고 사업성에 따라 가감해 조합원분양가를 예측해야 합니다.

예를 들어, 작년에 조합원분양가가 평당 1천만 원 정도로 형성된 지역이 올해는 평당 1,050만~1,100만 원 정도로 형성된다고 예측해봅시다.

일반적으로는 1,050만~1,100만 원을, 사업성이 매우 우수하다고 판단되면 1천만 원 정도로, 사업성이 떨어지거나 큰 비용 발생이 예상된다면 1,200만 원 정도로 예측해볼 수 있습니다.

조합원분양가는 다양한 이해관계에 대한 조정과 판단이 필요하기 때문에, 규칙을 만들기보다 개괄적으로 예측하는 방법이 맞는 것 같습니다.

* 투자 결정 기준은 "돈이 되는가?"로 심플해야 한다.

* 사업성을 나타내는 지표는 '비례율'로, 총수입에서 총비용을 뺀 값을 종전자산으로 나눈 값이다. 자산을 출자·투자해 수익을 얼마나 올렸는지 성과를 나타내는 지표다.

* 종전자산의 많고 적음의 유불리는 상황에 따라 다르고, 총수입은 크면 클수록 무조건 좋으며, 총비용은 작으면 작을수록 무조건 좋다.

* 재개발 진행 단계별로, 사업성을 추정해볼 수 있으며 이렇게 추정된 사업성은 사업수지를 정확히 판단하기보다는 사업의 진행 여부 또는 비교 우위를 판단할 때 활용한다.

* 수익성을 나타내는 지표는 '수익률'로, 미래예측시세에서 총매입가를 뺀 값을 투자금액으로 나눈 값이다.

* 미래시세는 입주할 아파트와 비교 대상 랜드마크 아파
  트 간 연식 차이만큼 연평균 상승률을 적용해 예측할 수
  있다.

* 사업성과 수익성이 충돌할 때는 사업성보다 수익성 쪽을
  좀 더 비중 있게 둘 필요가 있다.

* 공동주택 감정평가, 개별주택 감정평가, 그리고 조합원분
  양가 예측에 있어 대원칙과 최소한의 기준이 존재한다.

제가 생각하는 부동산 투자는 좋은 입지의 좋은 상품을 최적의 타이밍에 샀다가 파는 것입니다. 그런데 '좋은' '최적'이란 단어가 너무 추상적이기에 부동산 투자를 위해서는 기준에 대한 구체적인 정의가 필요합니다. 지금까지 알아본 바를 토대로 구체적인 사례를 곁들여 보다 자세한 재개발 투자 절차를 말씀드려보겠습니다.

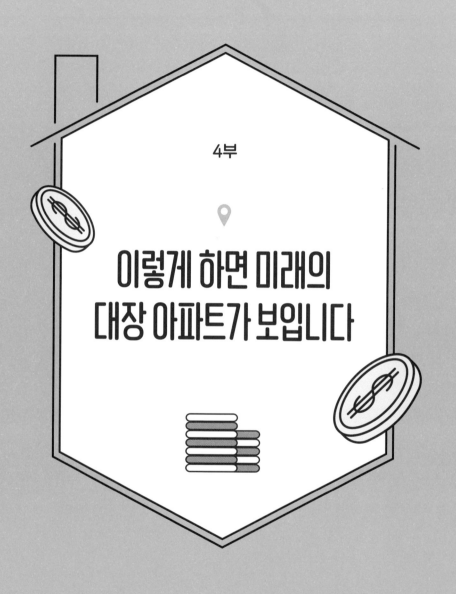

4부

이렇게 하면 미래의
대장 아파트가 보입니다

한눈에 보는
재개발 투자 진행 절차

재개발 투자 절차는 여타 종류의 부동산 투자와 유사합니다. 부동산 사이클과 입지를 고려해 대상 지역을 선정하고 해당 지역의 여러 구역 중 투자 대상 구역을 선정하는 순으로 진행됩니다.

다음으로 해당 구역의 특성 등을 고려해 매물을 탐색합니다. 대상 매물이 추려지면 감정평가, 조합원분양가와 미래시세를 예측해 수익성을 분석합니다. 랜드마크 아파트 기준 현재 가치에서 손해 보지 않을 것 같다고 판단하면 적극 매수합니다.

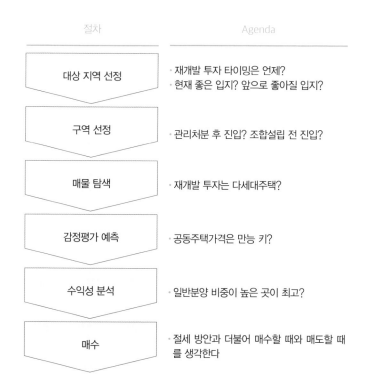

절차	Agenda
대상 지역 선정	· 재개발 투자 타이밍은 언제? · 현재 좋은 입지? 앞으로 좋아질 입지?
구역 선정	· 관리처분 후 진입? 조합설립 전 진입?
매물 탐색	· 재개발 투자는 다세대주택?
감정평가 예측	· 공동주택가격은 만능 키?
수익성 분석	· 일반분양 비중이 높은 곳이 최고?
매수	· 절세 방안과 더불어 매수할 때와 매도할 때를 생각한다

표로 정리해봤습니다. 앞에서 말씀드린 내용을 복습한다는 의미에서 Agenda에 대해 생각해보면 좋겠습니다.

1 | 대상 지역 선정

지역을 선정하기 위해서는 지역 부동산의 사이클과 입지를 판단해야 합니다. 부동산 사이클상 재개발 투자의 최적 타이밍이 있고, 그 사이클에 적합한 지역을 선정해야 합니다. 앞으로 좋아지는 입지를 선정해야 함은 물론입니다.

2 | 구역 선정

학군에 대해 설명할 때 말씀드렸지만, 한 구역만 재개발이 진행되는 곳보다 여러 구역이 동시에 진행되는 지역을 선택하는 게 좋습니다. 투자 구역을 선택하는 여러 요소가 있겠지만, 진행 단계만 봤을 때는 어떤 단계에 있는 구역을 선택해야 할까요? 제가 생각하는 최적의 진입 타이밍은 사업시행인가 이후 감정평가 직전입니다.

3 | 매물 탐색

투자를 위해서는 매물을 찾아야 합니다. 네이버 부동산, 블로그 등에서 매물 정보를 수집할 수 있겠지만, 재개발 특성상 현지에 직접

가면 온라인에서 찾을 수 없던 매물이 있기도 합니다. 여하튼 여러 매물에 대한 정보를 최대한 수집합니다. 무허가 건축물이나 소형 빌라, 단독주택 등 특정 매물 유형만 전략적으로 공략할 수도 있습니다.

4 | 감정평가 예측

매물 정보를 수집하고서 감정평가 예측을 해봅니다. 공동주택과 개별주택은 감정평가 예측 방법이 다르다는 걸 알아둬야 합니다. 감정평가 예측이 완료되었으면, 매매가와 예측한 감정평가의 차액을 계산해봅니다. 계산해놓은 감정평가의 차액(예상 프리미엄)과 구역의 특성을 고려해 대상 매물을 선정합니다. 조합원 대비 일반분양 비중이 넉넉해 감정평가가 작은 매물도 원하는 평형대를 선택할 수 있다면 소형빌라도 괜찮습니다. 하지만, 조합원 평형 선정이 치열할 것으로 예상되면 원하는 평형대를 선택할 수 있는 넉넉한 크기의 매물로 대상을 좁혀갑니다.

5 | 수익성 분석

재개발 단계에 따른 대략적인 사업성을 추정해봅니다. 사업이 무리 없이 진행될 것으로 판단되면 비례율에 크게 신경 쓰지 않고 수익성을 계산합니다. 예측한 감정평가를 토대로 예상 프리미엄을 구하고 조합원분양가와 미래예측시세를 구해 사업성을 계산합니다. 수익이 크고 투자금이 적게 소요되는 매물을 선택합니다.

6 | 매수

투자를 결정했으면 곧바로 실행에 옮깁니다. 이때 그 시점에 맞는 세법을 고려해 절세할 수 있는 방법을 미리 설정해둡니다. 예를 들어, 공동명의를 하거나 증여를 고려해 명의를 세팅해두는 등의 방법이 있습니다.

재개발 투자,
이렇게 해봤습니다

이제부터 구체적인 사례를 곁들여 말씀드리겠습니다.

한 지역에 보통 세 번의 투자 기회가 있다고 말씀드린 바 있습니다. 잘 아는 한 지역에서 세 번의 기회를 다 살린다면, 충분히 성공한 투자라고 말할 수 있을 것입니다. 지역 선정 사유 및 생각해볼 포인트 몇 가지를 사례와 함께 말씀드려보겠습니다.

1 | 투자 지역 선정

부동산 투자는 잘 아는 구역부터 시작하는 게 좋다고 생각합니다. 부동산 투자를 잘 모를 때부터 익숙한 지역이기 때문에 최소한의 감을 잡을 수 있습니다.

제가 부동산 투자를 시작하며 처음 살핀 지역은, 해제되지 않은 재개발 구역이 20개가 넘는 수도권의 어느 지역이었습니다. 재개발 구역들이 권역별로 여러 개의 군락을 이루고 있었습니다.

그동안 지역 부동산 경기가 경직되어 있었으나, 서울발 부동산 훈풍이 불면서 주변 택지 개발 지구에 남아 있던 미분양들이 모두 소진되었습니다. 미분양이 소진되자마자 지난 장 막바지에 미분양 고통을 겪으며 힘들게 분양했던 구도심 준신축들의 시세가 약진하기 시작했고, 부동산 경기 반등과 더불어 이제 막 지역 내 첫 번째 재개발 구역이 일반분양을 준비하고 있었습니다.

지역 내에선 일반분양가가 말도 안 되게 비싸다고 했지만 어렵지 않게 분양이 완료되었고, 분양 성공이 기폭제가 되어 멈춰 있던 주변 재개발 구역들이 자극을 받기 시작했습니다. 또한 일자리와 연결된 노선이 공사 중에 있었고 신규 노선에 대한 기대감도 솔솔 나오고 있었습니다. 도심 내에 오랫동안 있었던 비선호 시설인 군부대와 공장 등의 이전 계획도 속속 구체화되고 있었습니다.

재개발 투자 최적의 타이밍이 다가오고 있었습니다.

2 | 첫 번째 투자 기회

지역 내 첫 번째 재개발이 분양에 성공했습니다. 주변 구역들에 기폭제가 되어 건설사들이 적극적으로 움직일 것이며 정비사업도 활발하게 진행될 게 분명했습니다. 이 시점을 기해 주변 재개발 구역에 투자하는 게 첫 번째 기회입니다.

A구역) 전용면적 59m² vs. 전용면적 84m² 입주권 투자

우선 지역 내 재개발 구역 중에서 속도가 가장 빠른 곳을 찾아야 합니다. 상승장이 오래 유지된 지금이야 관리처분이 나고 이주를 하고 있으면 리스크가 작다고 생각해 프리미엄이 많이 비싸지만, 상승 초기만 해도 프리미엄이 많이 붙지 않습니다.

지난 장 때 재개발로 고통받았던 사람들에 의해 재개발에 대한 부정적 이미지가 형성되어 있거니와 재개발 자체를 잘 모르는 사람이 많기 때문입니다. 하지만 부동산 경기 상승과 주변 구역의 일반분양 성공으로 한껏 고무되어 있었고, 사업이 순조롭게 진행될 것으로 예상되었습니다.

재개발은 여러 구역이 함께 진행되거나 기존에 정비된 아파트 단지 옆에 새롭게 조성되어 인프라를 공유하는 게 좋습니다. 또한 아직 입지별로 가격이 분화되기 전에는 리딩 구역을 매입하는 게 유리합니다. 향후 시세 차이는 벌어질 것으로 예상되나, 아직 재개발 구역별로 가치가 분화되지 않은 권역별 대장 구역 위주로 보는 게 좋습니다.

A구역은 관리처분을 앞두고 있었으며 조만간 이주개시가 예정되어 있었습니다. 물론 이주 중에도 멈추는 구역이 간혹 있지만, 리스크가 사라졌다고 봐도 무방합니다.

이 시기에는 이주비로 자금이 부족해 거주할 집을 마련하지 못하거나 추후 분담금이 부담스러워 매도하는 원주민들이 매물을 내놓습니다. 이른바 눈먼 매물도 종종 나오는 시기죠. 현지 부동산과 접촉해 원주민 매물을 탐색해야 합니다.

감정평가 및 조합원분양가가 나왔기 때문에 따로 예측할 부분은 없습니다. 주변 리딩 단지의 시세와 현재 입주권을 매입하는 데 필요한 총금액을 비교해봅니다. 현재 랜드마크 단지와 대비해 최소한의 안전마진과 미래시세를 감안한 수익이 예측된다면 투자를 고려해볼 만합니다.

조합원분양 완료 시점 이후 입주권 투자를 위해서는 평형을 선택해야 합니다. 평형 선택 전이라면 대부분 큰 평형을 선택하는 게 유리합니다. 일반분양가와 조합원분양가의 평당 차이만큼 프리미엄이 형성되기 때문입니다. 그러나 조합원분양 이후 평형이 정해지고 나서는 평형에 따라 프리미엄이 형성되니 전략적으로 평형을 선택해야 합니다.

선호하는 평형도 트렌드가 있습니다. 부동산 상승기 초반에는 소형 평형대의 인기가 높다가 상승기가 지속되면 중대형 평수 위주로 선호도가 변합니다. 최근에는 클수록 좋다는 '거거익선'이라는 말이 유행하듯, 대형 평수가 선호되고 있습니다.

요즘에는 입주권 투자 시 전용면적 59m²(구 24평)와 전용면적 84m²(구 34평) 중에서 선택하라고 하면 대부분 전용면적 84m²를 선택할 것입니다. 물론 자녀와 함께 실거주를 해야 하는 입장이라면 적합한 면적을 선택해야겠지만, 투자하는 입장에서는 수익률을 우선 생각해봐야 합니다.

대부분 84m²를 선호한다면 수요가 많아지기 때문에 프리미엄이 올라갈 수밖에 없습니다. 간혹 84m²와 59m² 간 프리미엄이 이상하다 싶을 정도로 차이가 많이 나는 경우가 있습니다. 이런 경우 차라리 59m²를 노리는 전략도 필요합니다.

물론 59m²가 통할 만한 입지인지 아닌지 판단해야 합니다. 59m²의 주수요층은 사회초년생 또는 신혼부부입니다. 그들은 출퇴근을 위한 대중교통과 편의시설이 가까운 입지를 선호합니다. 또한 인구 비중이 늘어나고 있는 노년층의 경우에도 소형 아파트를 선호합니다. 자산을 줄여가야 하는 시점에 병원 접근성이 좋고 지하철이 가까운 입지를 선호하는 것입니다.

투자 대상 구역의 입지가 지하철 접근성이 좋고 편의시설이 풍부하다고 가정했을 때, 59m²가 84m²에 비해 상대적으로 저평가되어 있다면 오히려 59m²를 적극 매수하는 걸 고려해볼 수 있는 것입니다. 물론, 이런 입지의 특성을 반영해 해당 지역의 누적 공급량이 59m²로 집중되어 있다면 신중하게 생각해야겠지만요.

마지막으로, 비규제 지역의 경우에는 이주비 등 대출에 의한 레버리지를 활용할 수 있습니다. 이주비, 중도금을 레버리지로 활용할 수 있다면 투자금이 최소화되기 때문에 투자 수익률을 높일 수 있습니다.

B구역) 사업시행인가 이후 1+1 투자

B구역은 책 전반에 걸쳐 설명드린 구역 선정부터 감정평가 예측까지 모든 절차가 녹아 있는 사례입니다. 이해를 돕기 위해 상세한 숫자를 대입해봤습니다.

제가 생각하는 재개발 투자 최적의 단계는 사업시행인가 이후 감정평가 직전입니다. 사업시행인가 이후 안정성을 확보한 시점에 감정평가를 예측해 투자한다면 수익성까지 두 마리 토끼를 잡을 수 있습니다.

주변 여러 구역에서 재개발이 동시에 진행되고 있었고, B구역은 해당 지역의 가장 좋은 입지에 위치하고 있었습니다. 입지가 좋은 만큼 반대의 목소리나 이해관계가 복잡해 주변 구역들보다 느리게 진행되고 있었습니다.

B구역은 다가구주택, 단독주택 비중이 절반 정도를 차지하고 있

었는데, 반지하를 주거 용도로 허가받은 집들이 꽤 많이 있었습니다. 반지하가 주거 용도라는 건 1+1 입주권이 가능한 집들이 있다는 뜻입니다. 다가구주택 비중이 높았기 때문에 일반분양 또한 많아서 1+1 입주권 부여에 문제가 없어 보였습니다. 하여, 구역 내 1+1 입주권이 가능한 다가구주택을 집중적으로 알아보기로 했습니다.

입지 선정과 구역 선정, 그리고 전략적으로 공략할 매물 선정이 끝나면, 대상 매물을 대상으로 감정평가, 조합원분양가를 예측하고 수익성을 분석해 매수를 결정하면 됩니다.

다음 쪽의 매물은 3억 5,700만 원에 매입했습니다. 대출을 1억 원 받고, 전세 1억 원에 자기자본 1억 5,700만 원으로 매입할 수 있었습니다(매입 당시 대출 규제가 없었습니다). 월세가 60만 원 정도 나와, 자기자본 1억 5,700만 원에 대한 대출을 추가로 받을 수 있으면 자기자본 없이 투자할 수 있었던 케이스였습니다.

전략적으로 1+1 입주권이 나오는 다가구주택을 투자하려고 했기 때문에, 전용면적을 통해 1+1 입주권 가능 여부를 판단합니다.

이어서 투자할 매물을 대상으로 감정평가와 조합원분양가를 예측합니다. 감정평가는 다가구주택이기 때문에 건물과 토지를 나눠 예측합니다. 지역의 흐름 내에서 사업성을 판단해 조합원분양가도

357,000,000원 ❶

- 거래시점	- 토지면적당 단가 ⟳단위	- 건물면적당 단가 ⟳단위
2018년 08월	2,625,000원/㎡ 거래면적 : 136(㎡)	2,286,264원/㎡ 거래면적 : 156.15(㎡)

투자금	
대출	1억 원
전세	1억 원
자기자본	1억 5,700만 원
합계	3억 5,700만 원
월세	62만 원

예측합니다.

이 다가구주택은 감정평가가 2억 4천만 원에서 2억 6천만 원 정도로 추정되었고, 조합원분양가는 주택 두 채(84㎡+59㎡)를 평당 1,100만 원으로 계산해 총합 6억 2천만 원으로 예측되었습니다.

다음으로 해야 하는 일은 미래시세를 예측하는 작업입니다. 현재 지역 내 랜드마크 아파트를 기준으로 신규 아파트가 지어지는 구역이 입지가 더 우수하다고 판단되기 때문에, 연차당 3%의 상승

미래시세 예측

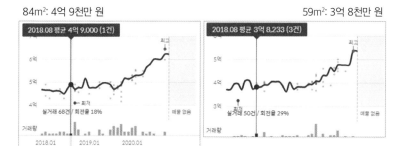

84m²: 4억 9천만 원

2018.08 평균 4억 9,000 (1건)

59m²: 3억 8천만 원

2018.08 평균 3억 8,233 (3건)

59m²: 5억 원

84m²: 6억 4천만 원

구분	적용률
입지, 상품성 유사	2.5%
입지, 상품성 우위	3.0%

11억 4천만 원

1억 5,700만 원 투자해 11억 4천만 원 자산 형성
(2018년 8월 기준, 이주비, 중도금 대출 가능 가정 시)

률을 적용해 미래시세를 예측합니다.

랜드마크 아파트와 신규 아파트는 입주 시점 기준 10년 정도 연
차가 났습니다. 미래시세를 예측한 결과, 84m²와 59m² 두 채를 합
해 11억 4천만 원으로 예상되었습니다.

결국 1억 5,700만 원을 들여(이주비, 중도금 대출 가능 시) 시간에 투
자해 11억 4천만 원을 형성하는 투자를 할 것인가를 결정하면 되
는 것입니다.

시간이 흘러 감정평가 결과가 나오고 조합원분양 신청을 합니다. 당연히 1+1 주택을 신청하는 게 좋다고 생각합니다. 종합부동산세 이슈가 있지만, 멸실 기간 동안에는 종합부동산세가 발생하지 않고 3년 후 종합부동산세가 어떻게 될지 예측할 수 없기 때문입니다. 그때 상황에 따라 대응하면 될 것입니다.

감정평가액이 상대적으로 크기 때문에 평형 신청 경쟁에서 유리하고, 무난하게 84m²+59m² 두 채를 배정받을 수 있습니다. 1순위로 신청한 평형에 대해서는 감정평가 총액을 기준으로 경쟁합니다.

다가구주택, 단독주택의 경우에는 총액이 상대적으로 크기 때문에 웬만하면 1순위에서 밀리는 경우가 없습니다. 60m² 이하만 신청할 수 있는 2순위에 대해서는 경쟁 시 배정이 되지 않을 수도 있으나, 요즘같이 중대형을 선호하는 시점에는 59m² 배정에 큰 이슈가 없습니다.

감정평가 결과는 2억 7,400만 원이 나왔으니 3억 5,700만 원을 주고 집을 매입해 8천만 원의 프리미엄을 준 꼴이 되었습니다. 조합원분양가는 예측한 바와 크게 다르지 않았습니다.

수익을 계산해보면, 아파트 두 채를 얻기 위해 총 투입해야 하는 총매입가격은 조합원분양가 6억 2천만 원에 프리미엄 8천만 원을 합해 7억 원 정도입니다. 물론 7억 원이 필요한 것은 아니고 이주

```
                    ┌─────────────────────┐
                    │     평형 배정 통보      │
                    └─────────────────────┘
```

감정평가액

(단위: 원)

구분	내용	구분	내용
1주택	84B	종전자산평가액 합계 ①	274,185,850
		추정 비례율 ②	100.31%
2주택	59B	권리가액 ③	275,035,826
상가 등		종후자산평가액 ④	621,977,927
추정 분담금 ⑤(④-③)			346,942,101

1+1 배정

조합원분양가

예상 수익	
분양 신청	전용면적 84m², 59m²
총매입가	조합원분양가+프리미엄 →매입가-감정가액 6억 2천만 원+(3억 5,700만원-2억 7,500만 원)=7억 원
미래시세(예측)	84m²: 6억 4천만 원(주변 시세: 4억 9천만 원) 59m²: 5억 원(주변 시세: 3억 8천만 원)
예상 수익	11억 4천만 원-7억 원=4억 4천만 원
수익률	4억 4천만 원/1억 5,700만 원=280% 280%/5년=56%(연수익률)

비, 중도금 대출을 받을 수 있다면 레버리지 효과를 극대화하면서 입주 시에 처리할 수 있습니다. 미래시세는 2018년 기준 두 채를 합해 11억 4천만 원 정도로 예측되었습니다.

미래예측시세에서 총매입가격을 뺀 수익은 4억 4천만 원 정도로 예상되었습니다. 따라서 총수익률은 280%, 5년 투자로 생각한다면 연수익률은 56%로 예상되었습니다.

그런데 2018년 이후 아파트 가격이 급등했습니다. 그에 따른 미래예측시세가 크게 변동되어, 현재시세 기준이라면 수익은 더욱더 크게 향상됩니다.

그때 당시 잘 찾지 않는 다가구주택을 공략했기 때문에 특별한 경쟁자 없이 수월하게 협상하면서 투자할 수 있었습니다.

C구역) 사업성 vs. 수익성

C구역은 사업성이 좋지 않다는 소문이 도는 구역이었습니다. 일반분양 비중도 높은 편이 아니었고, 비용이 많이 발생할 것으로 예상되어 비례율이 극히 낮을 것으로 추정되었습니다.

원인은 현금청산자들과의 이슈였습니다. 현금청산비용과 이자가 엄청나게 쌓여 있어 비용이 과도하게 발생한다는 것이었습니다. 해당 이슈를 정확하게 알아보기 위해, 관련 법을 찾아보고 각종 자료를 취합하며 조합과 현금청산자들의 얘기를 들어봤습니다.

결론적으로 최악의 경우 해당 비용을 감당해야겠지만 그럴 가능성은 낮다고 판단했고, 사업을 진행하는 것에 무리가 없겠다고 판단했습니다. 다만, 사업성이 뛰어난 편은 아니었기에 조합원분양가는 다소 높게 책정될 수밖에 없었고 여러 가지 험난한 과정을 거칠 수밖에 없었습니다.

그러나 사업성과 다르게 수익성은 매우 뛰어나다고 생각했습니다. 지역 내에서 주변 시세가 가장 비싼 권역이었고, 사업성에 대한 의문으로 프리미엄 형성이 지지부진했기 때문에 총매입가격이 상대적으로 낮았습니다.

그러니까 미래시세는 지역 내에서 가장 높을 것으로 예상되나 재개발 입주권을 투자하는 데 들어가는 비용은 상대적으로 적게 들어갈 것으로 예상되는, 블루오션 구역이었습니다.

다음 수순으로 감정평가 예측, 조합원분양가 예측을 통해 수익률이 높은 투자 대상을 찾아 의사결정을 하면 됩니다.

3 | 두 번째 투자 기회

두 번째 기회는 활발한 재개발 진행으로 일반분양이 이어지는 지역의 초기 재개발 분양권에 투자하는 것입니다. 지역 내에서 첫 번째로 진행되는 재개발 구역은 보통 입지가 가장 떨어지는 곳일 가능성이 크고, 초반에는 현지인 및 투자자 들의 외면을 받을 가능성이 있습니다. 그래서 프리미엄도 거의 붙지 않는데, 지역 내에서 지속적으로 분양가가 오르고 분양이 완판되면 처음으로 분양을 한 구역의 분양권 프리미엄도 조금씩 끌려 올라가게 됩니다.

D구역) 화려하게 부활하는 첫 번째 재개발 분양권

D구역은 애매한 입지에 있었습니다. 전철역은 멀리 있고 버스 편도 좋지 않았습니다. 초등학교와도 떨어져 있고 주변에 인프라도 풍부하지 않았습니다. 보통 이런 경우 현지인들의 외면을 받고 투자자들의 관심을 받지 못합니다. 전매제한 기간이 끝났지만 분양권 거래도 활발하지 않습니다.

그러던 중 인근 재개발 구역에서 일반분양이 있었습니다. 이전 구역들과는 다르게 이 지역에서 그동안 보지 못했던 경쟁률이 나옵니다. 분양가를 올렸음에도 말입니다. 시장에서 수요가 넘친다는 뜻이었죠. 인근 구역의 일반분양 성적으로 시장 에너지를 재확인했다면, 첫 번째 재개발 구역의 분양권을 매입해야 합니다.

이때는 시장 분위기가 아직 과열된 상태는 아니라서 분양권을 충분히 구할 수 있으며, 여러 매물을 대상에 올려놓고 선택할 수도 있습니다. 이 시기에는 저층 매물을 거의 프리미엄 없이 매입할 수 있지만, 프리미엄을 더 주더라도 로얄동과 로얄층 매물 위주로 매입해야 합니다. 나중에 시장이 성숙해졌을 때 가격 차이가 훨씬 더 벌어지기 때문입니다.

4 | 세 번째 투자 기회

일반분양이 점점 성공하면서, 분양 경쟁률은 갈수록 올라갑니다. 세 자릿수 경쟁률도 심심치 않게 나오며, 청약 당첨이 무주택자들의 꿈이 됩니다. 그러나 한편으로 점점 상승하는 청약 경쟁률을 보면서 당첨이 불가능할 거라는 사실을 깨닫습니다.

이들이 할 수 있는 선택은 네 가지 정도입니다. 청약을 계속 넣던가, 프리미엄 주고 분양권을 사던가, 주변의 적당한 구축을 매입하던가, 10년 후 새 아파트에 입주할 수 있을 것 같은 초기 재개발 구역에 선진입하던가.

E지역) 재개발 테마를 입은 빌라 갭투자

투자 관점이라면 초기 재개발 투자가 유효하지 않나 생각합니다. 재개발 성공 사례가 눈에 띄게 늘어나면서, 주변에 '나도 새 아파트에 살고 싶다'를 표방한 초기 재개발 구역이 하나둘씩 생깁니다. 물론 투자 수요에 의해 초기 시장이 형성되지만, 시간이 지나면서 청약에 떨어지거나 새 아파트에 살고 싶은 니즈를 가진 실수요자들도 참여합니다.

초기 재개발 구역을 정확하게 말하면, 재개발 투자가 아니라 재개발 테마를 입은 빌라 갭투자라고 할 수 있습니다. 빌라 갭투자가 가능하려면 전세 수요가 풍부한 지역이어야 합니다. 교통, 일자리,

학교, 편의시설 등 기본적인 인프라가 받쳐주지만 단지 상품만 좋지 않은 곳, 여기에 초기 재개발 테마가 있으면 금상첨화입니다.

초기 재개발 테마가 만들어지기 위해서는 어느 정도의 노후도는 필수입니다. 당장 재개발이 될 거라고 생각하진 않지만 신축 건물이 많은 곳은 사람들이 관심조차 갖지 않습니다.

그리고 주변에 성공 사례가 있어야 합니다. 그동안 새 상품이 없어서 홀대받던 곳에 새 상품(새 아파트)이 들어오면서, 생각지도 못한 가격으로 분양을 하고 프리미엄이 붙어 결국 상상할 수 없는 가격이 형성됩니다. 상방 가격이 열리고 옆 동네 사람들이 '우리도 해보자'라는 희망을 품게 되죠.

주변에 일반분양을 앞두고 있는 지역이 있으면 좋습니다. 전국에 해당 지역 및 단지를 광고해 투자자 및 실수요자들의 관심도를 집중시킵니다. 높은 경쟁률로 성황리에 끝나는 경우 주변의 초기 재개발 구역까지 스포트라이트를 받습니다.

E구역 역시 주변에 지하철, 공원 등 인프라가 풍부했고 기존에 분양 완료된 구역의 신축이 완성되어 도색을 시작해 성공 사례를 눈으로 직접 확인할 수 있었습니다. 노후도도 충분했고 현지 주민들도 재개발 추진 의지가 충분해보였습니다.

결정적으로 주변 지역이 일반분양을 앞두고 있었기 때문에 여러 조건상 수요와 관심이 집중될 것이었습니다. 초기 재개발 투자에 적합한 지역이라 판단해볼 수 있습니다.

지금까지 여러 사례를 통해 투자 포인트를 알아보았습니다. 분양 이후 입주권 투자 케이스, 입주 직전 입주권 투자 케이스 등 재개발은 다양한 시점의 투자가 가능하며, 사이클에 따라 어떤 상품을 공략하냐에 따라 다양한 아이디어를 생각해볼 수 있습니다.

거의 유일하게
세금 덜 내는 법

수익률 제고를 위해서는 매수할 때 매도를 함께 생각해야 합니다. 매도할 때 내 물건을 사줄 고객이 누구인가도 고민해야 하지만, 특히 절세 세팅은 매수할 때부터 고려하는 게 좋습니다.

임대사업자의 혜택 중 「조세특례제한법」 95조 3항과 5항을 활용한 양도세 감면이 있었으나, 아파트에 임대사업자 등록이 불가하도록 변경되어 더 이상 유효하지 않게 되었습니다. 물론 이 제도가 또 어떻게 바뀔지는 아무도 모르는 일이지만 말이죠.

비과세 혜택 외에는 절세할 수 있는 방법이 거의 없어진 지금, 부부 간 증여가 거의 유일한 절세 수단이라고 할 수 있습니다. 여러 조건을 고려했을 때 재개발에 투자하는 입장에서 최적의 절세 방안일 것입니다. 증여를 위해서는 증여와 관련된 세금을 납부해야 합니다. 증여 세금에는 증여취득세와 증여세가 있습니다.

증여취득세는 2022년까지 공시가 기준으로 납부하게 되어 있습니다. 공시가란 공동주택가격과 개별주택가격을 말합니다. 2023년부턴 시장가격 기준으로 납부하도록 변경될 예정입니다.

그런데 재개발의 경우 멸실이 되면 건물 가치는 사라지고 토지만 남기 때문에, 남은 토지의 공시지가로 증여취득세를 납부해야 합니다. 공동주택가격이 3억 원이었던 공동주택이 멸실되면 토지 지분만 남는데 얼마 되지 않기 때문에 증여취득세를 크게 절세할 수 있습니다.

증여세는 증여하는 실가치만큼 세금을 납부하게 되어 있는데, 부부 간 증여 시 한 명당 6억 원까지 세금이 없습니다. 즉 7억 원으로 거래되는 주택이 있다면 6억 원까지는 부부 간 증여로 공제되고 1억 원에 대해서만 증여세를 납부하면 되는 것입니다.

그런데 재개발의 경우 동호수 추첨이 끝난 후 실질적으로 아파트는 없지만 아파트의 가치로 감정평가가 가능합니다. 아파트의 가치로 감정평가를 한 후 그 기준으로 증여세를 신고하면 취득가액을 인정받을 수 있습니다. 물론 목적은 취득원가를 높여 양도세를 절세하기 위함입니다.

| 증여취득세와 증여세 |

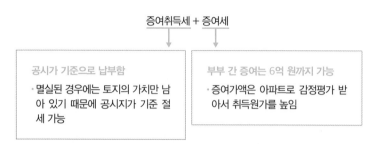

증여취득세 + 증여세

공시가 기준으로 납부함	부부 간 증여는 6억 원까지 가능
• 멸실된 경우에는 토지의 가치만 남아 있기 때문에 공시지가 기준 절세 가능	• 증여가액은 아파트로 감정평가 받아서 취득원가를 높임

정리하자면, 증여취득세는 토지의 공시지가로 납부하고 증여세를 아파트의 가치로 인정받아 취득원가를 높여 양도세를 절세할 수 있습니다.

재개발 투자의 관점에서 증여를 할 수 있는 최적의 시점은 동호수 추첨 직후입니다. 대부분 멸실되고 토지만 남아 있기 때문에 공시지가 기준으로 증여취득세를 납부하고, 동호수 추첨이 끝났기 때문에 실거래가 쌓이기 전 동호수를 기준으로 아파트의 가치로 감정평가를 받아 증여세를 신고합니다.

증여 후에는 5년 동안 보유해야 신고한 증여액으로 취득원가를 인정받는데, 착공 이후 3년 동안 공사를 하고 준공된 후 전세 2년을 주면 매도 조건이 만들어지는 것입니다.

예를 들어, 3억 원에 매입한 부동산이 재개발되어 동호수 추첨이후 7억 원의 가치가 되었다고 해봅시다. 증여한다고 했을 때, 토

증여에서 매도까지

멸실　동호수 추첨　착공　　　　　　　　준공　　　매도

공사 기간: 3년　　　전세 기간: 2년

증여 ──────────── 5년 보유 ────────────→ 매도

지의 가치만 납부하게 되므로 증여취득세는 얼마 되지 않고, 증여
세의 경우 6억 원까지 공제받고 초과하는 1억 원에 대해서만 납부
하면 됩니다. 5년이 경과하면 7억 원의 원가를 인정받아 양도세를
크게 절세할 수 있는 것입니다.

　부부 간 증여야말로 재개발 관점에서 최적의 절세 수단이라고
할 수 있겠습니다.

* 재개발 투자 진행 절차를 들여다보자면 대상 지역 선정, 구역 선정, 매물 탐색, 감정평가 예측, 수익성 분석, 매수의 순서다.

* 부동산 투자는 잘 아는 구역부터 시작하는 게 좋다.

* 지역 내 첫 번째 재개발이 분양에 성공하는 시점을 기해 주변 구역에 투자하는 게 좋다.

* 활발한 재개발 진행으로 일반분양이 이어지는 지역의 최초 재개발 분양권에 투자하는 게 좋다.

* 일반분양이 점점 성공하면서 분양 경쟁률이 올라갈 때 초기 재개발 테마를 가지고 있는 노후 빌라에 투자하는 것도 유효하다.

* 재개발에 투자할 때 비과세 혜택 외에는 절세할 수 있는 방법이 거의 없어진 지금, 부부 간 증여가 거의 유일한 절세 수단이라고 할 수 있다.

* 증여취득세는 토지의 공시지가로 납부하고 증여세를 아파트의 가치로 인정받아 취득원가를 높여 양도세를 절세할 수 있다. 투자 관점에서 증여 최적의 시점은 동호수 추첨 직후 거래 사례가 쌓이기 전이다.

•

부동산 투자 공부를 위한
최고의 방법

•

여러 소규모 모임에서 지인들을 만나면 자주 물어보는 것 중 하나가 '재개발 공부를 어떻게 하는가'입니다. 재개발은 용어부터 어렵고 진입 장벽이 다른 투자 상품에 비해 꽤 높은 편입니다.

저 역시 처음에는 책과 강의의 도움을 받았지만, 경험해보니 책을 읽고 강의를 듣는다고 다 내 것이 되는 건 아니었습니다.

글을 써야 합니다. 부동산 투자 공부를 어떻게 해야 할지 막막한 분들을 위해 블로그 작성의 장점을 공유하며 책을 마무리하고자 합니다.

대학교에 입학해 아르바이트로 수학 과외를 했습니다. 막상 가르치려 하다 보니 디테일한 부분까지 다 알아야 했습니다. 준비에 꽤 많은 시간을 할애해야 했죠.

그 어느 때보다 더 열심히 공부한 고등학교 때도 알지 못했던 깨달음을 여러 번 경험했습니다. 그 후로 새로운 분야를 배우고 깨우치기 위한 저의 학습 방식은 타인에게 설명한다는 생각으로 글을 작성하는 것이었습니다.

글로 작성하면 생각이 정리되고 누락된 부분을 알 수 있게 됩니다. 정리된 글은 곧 원고가 되어 타인에게 설명할 때 활용됩니다. 그렇게 타인에게 설명하면서 막히는 부분과 논리적으로 부족한 부분을 보완할 수 있습니다.

글을 개인적으로만 간직하고 있다가 불특정다수의 대중에게 공개되는 블로그에 글을 쓰는 게 장점이 많다고 판단했습니다. 그렇게 2018년 11월 처음으로 블로그에 글을 올렸습니다. 이후 3년이 넘은 기간 동안 블로그를 운영하고 있습니다. 블로그의 장점은 아래와 같습니다.

책을 읽고 강의를 듣고 끝내버리면, 대부분 기억에서 사라집니다. 들었던 내용을 글로 정리하면서 내 기준으로 재해석하고 배치하고 보완하며 고민해봐야 비로소 내 것이 됩니다.

정리하다 보면, 서로 다른 소스의 정보들이 하나로 융합되어 명확해지는 경우가 많습니다. 물론, 그 내용을 타인에게 전달한다는 생각으로 작성해야 합니다. 부동산 공부뿐만 아니라 모든 학습에 동일하게 적용되는 사항인 것 같습니다.

혼자만 간직하는 글이 아니라 불특정다수에게 오픈되는 글이기 때문에, 잘못된 내용은 없는지 논리적 비약은 없는지 한 번 더 고민하게 됩니다. 그냥 넘어갈 수 있는 부분도 한 번 더 체크하면서 새롭게 알게 되는 내용을 발견하기도 합니다.

일주일에 하나라도 포스팅을 해야 한다는 의무감이 게으른 저를 움직이게 합니다. 그래서 끊임없이 소재를 생각하고 주제를 잘 파악하기 위해 고민합니다. 지역 분석을 잘하기 위해 고민하면서 지역 카페의 최근 글을 모두 다 읽어보기도 하고, 어떻게 하면 다양한 자료를 찾아 잘 해석할 수 있을까 부지런히 움직입니다.

어떤 공부를 하든 꾸준함을 이길 수 있는 방법은 없습니다. 블로그가 꾸준함에 큰 도움을 줍니다.

부동산 정책과 제도가 워낙 복잡하다 보니 헷갈리는 내용이 많습니다. 그럴 때마다 블로그에 정리한 내용을 신속하게 확인할 수 있습니다.

나름의 조사를 통해 글을 작성했으나 잘못 알고 있던 내용이 있을 수도 있습니다. 그럴 때면 댓글로 잘못된 내용을 정정해주시기도 합니다.

모르는 것보다 잘못 알고 있는 게 더 위험한데, 공개된 글을 통해 피드백을 받을 수 있는 기회가 있다는 게 고맙습니다.

고맙게도 제 글을 봐주시는 분들이 늘어나면서 블로그가 곧 저의 명함이 되었습니다. 저를 따로 소개하지 않아도 필명만으로 저를 알아주는 분도 생겨났습니다. 평범한 회사원인 제가 이렇게 책을 쓸 수 있었던 것도 모두 다 블로그 덕분입니다.

부동산 공부를 원한다면, 오늘부터라도 블로그를 운영해보는 것이 어떤가요?

지금처럼 시장이 빠르게 움직이는 상태에서 "언제 공부하고 그러고 있느냐, 현장에서 부딪히면서 빨리빨리 나가야지" 이렇게 생각할 수 있습니다.

꼰대 같은 소리일 수 있으나, 저같이 자본이 넉넉하지 않은 상태에서 한 번의 실수가 타격이 클 수 있는 상황이라면, 좀 여유를 가지고 블로그에 지식을 하나씩 쌓으면서 미래를 도모해볼 수 있지 않을까 하는 생각을 하게 됩니다.

책을 마치며, 책을 쓸 수 있도록 응원해준 가족, 멘토이자 공동투자자 형님과 마반 식구들, 건국대 부동산 대학원 동기 및 선후배님들, 글로벌프롭테크학회 동기 및 선후배님들, 건실투·건실주 호랑이들, 코르타스 운영진과 회원 여러분께 감사드립니다.

모두의 성공적인 재개발 투자를 응원합니다.

참고도서 및 참고강의

도서

강승우(삼토시),『서울 아파트 마지막 기회가 온다』, 매일경제신문사, 2018

강영훈(붇옹산),『붇옹산의 재개발 투자 스터디』, 도서출판 구루핀, 2017

김원철,『부동산 투자의 정석』, 알키, 2016

김재수(렘군),『10년 동안 적금밖에 모르던 39세 김 과장은 어떻게 1년 만에 부동산 천재가 됐을까?』, 비즈니스북스, 2018

김학렬(빠숑),『대한민국 부동산 투자』, 알에이치코리아, 2017

　　　　　,『서울 부동산의 미래』, 알에이치코리아, 2017

　　　　　,『서울이 아니어도 오를 곳은 오른다』, 알에이치코리아, 2018

신현강(부룡),『부동산 투자 이렇게 쉬웠어?』, 지혜로, 2017

이정열(열정이넘쳐),『한 권으로 끝내는 돈되는 재개발 재건축』, 잇콘, 2017

이주현,『나는 부동산으로 아이 학비 번다』, 알키, 2017

강의

재개발김쌤, 〈재개발 실전투자 완전정복〉

유나바머, 〈부동산 독립만세〉

아기곰, 〈부동산 고수 만들기 심화반〉

주지오, 〈부산사랑, 도시이야기〉

나는 당신도 재개발 투자로
돈을 벌면 좋겠습니다

초판 1쇄 발행 2022년 2월 16일
초판 5쇄 발행 2022년 7월 12일

지은이 남무98
펴낸곳 원앤원북스
펴낸이 오운영
경영총괄 박종명
편집 김형욱 최윤정 이광민 양희준
디자인 윤지예 이영재
마케팅 문준영 이지은 박미애
등록번호 제2018-000146호(2018년 1월 23일)
주소 04091 서울시 마포구 토정로 222 한국출판콘텐츠센터 319호 (신수동)
전화 (02)719-7735 | **팩스** (02)719-7736
이메일 onobooks2018@naver.com | **블로그** blog.naver.com/onobooks2018

값 17,000원
ISBN 979-11-7043-282-1 03320